30일 만에 완성하는

1학년 맞춤법 쓰기

하유정 지음 김희선 그림

한빛에듀

'1학년 맞춤법 쓰기' 학부모 설명회

"선생님, '숫자를 새다'가 맞아요, 아니면 '숫자를 세다'가 맞아요?"

1학년 학생의 질문이었어요. 정말 헷갈릴 만하지 않나요?
이처럼 소리가 비슷한 낱말들은 저절로 익혀지지 않습니다. 시간이 지나면 자연스럽게 교정될 것 같지만, 오히려 계속 혼동하는 경우가 많지요.

저는 그동안 《1학년 한글 떼기》로 누구나 쉽고 즐겁게 한글을 깨칠 수 있도록 안내했고, 이어서 《1학년 받아쓰기》로 소리에 따라 낱말을 척척 적어 보는 재미와 성취감을 선물해 드렸어요. 하지만 받아쓰기를 충분히 했어도, 소리만으로는 구분하기 어려운 낱말들이 아이들을 여전히 괴롭히곤 하죠. 실제로 한글을 읽고 쓸 수 있게 된 뒤에도 맞춤법 때문에 곤란을 겪는 모습을 학교에서 자주 목격하거든요.

특히 저학년 시기에 잘못 익힌 표현들은 학년이 올라가도 쉽게 교정되지 않아서, 같은 실수를 반복하는 아이들이 적지 않습니다. 한글을 뗀 후, 맞춤법을 체계적으로 다듬어 주는 '정교화 학습'이 꼭 필요한 이유입니다.

● **자주 틀릴 수밖에 없는 어휘 위주로 공부해요.**

아이들이 가장 많이 헷갈려 하는 낱말들을 꼼꼼히 모았습니다. 받침 하나 차이로 의미가 달라지거나, 'ㅐ'와 'ㅔ'처럼 소리만 들으면 구분하기 어려운 낱말, 그리고 전혀 다른 뜻을 지닌 동음이의어 등이 대표적이지요.
이런 낱말들은 그냥 머릿속으로만 "다르네."라고 인식하는 것만으로는 쉽게 잊혀지기 마련입니다. 그래서 《1학년 맞춤법 쓰기》에서는 눈으로 보고, 직접 따라 쓰며 손으로도 익힐 수 있도록 구성했습니다. 글자를 하나하나 적어 내려가면서 의미를 떠올리다 보면, 단순히 보고 지나가는 것보다 훨씬 효과적으로 익힐 수 있거든요. 잘못된 습관이 시간이 지나도 굳어지지 않도록, 어릴 때부터 정확한 표현을 짚어 주는 것이 중요합니다.

● **쉬운 설명으로 스스로 공부해요.**

맞춤법은 어렵고 복잡한 규정이 많다고 느껴질 수 있어요. 하지만 이 책은 초등 저학년 눈높이에 맞춰 최대한 쉬운 말과 재미있는 그림, 풍부한 예시로 풀어냈습니다. 아이가 스스로 "아하, 이거였구나!" 하고 깨달을 수 있도록 접근하는 거지요. 그리고 단순히 설명을 듣는 것에서 끝나지 않고, 따라 쓰기를 통해 직접 표현해 보며 자연스럽게 체득할 수 있습니다.

● **문맥적 의미를 파악하며 따라 써요.**

정확하게 쓰는 법만큼 중요한 것이 어휘를 폭넓게 활용할 줄 아는 능력입니다. 문해력은 어휘력이 뒷받침될 때 점점 더 자라나기 때문이지요. 이 책은 헷갈리는 낱말들을 다양한 용례와 문맥 속에서 함께 익히도록 이끌어 줍니다. 비슷한 소리를 내는 낱말이라도 실제 문장 속에서 어떻게 쓰이는지 반복적으로 익히고 직접 따라 써 보면 기억에 훨씬 오래 남습니다. 이처럼 문맥적 의미를 파악하며 학습하면, 맞춤법뿐만 아니라 독해력과 표현력까지 자연스럽게 확장됩니다.

무엇보다도, 한글을 뗀 뒤 그대로 끝나는 것이 아니라 맞춤법을 다듬고 발전시키는 정교화 과정이 꼭 필요하다는 사실을 잊지 않으셨으면 해요. 이 정교화 과정의 핵심이 바로 '맞춤법 학습'입니다. "크면 저절로 고쳐지겠지!" 하고 넘기기엔, 맞춤법 실수는 생각보다 오랫동안 글쓰기에 영향을 미칩니다. 그러니 소리에만 의지한 받아쓰기 단계를 충분히 거쳤다면, 이제는 비슷한 소리도 구분해 가며 체계적으로 적는 연습을 시작해야 할 때예요.

부담스러운 공부가 아니라, 하루하루 아이가 스스로 완성해 가는 작고 소중한 습관으로 느낄 수 있도록 제가 열심히 돕겠습니다. 이 책과 함께 차근차근 맞춤법을 정교화해 나간다면, 머지않아 더욱 단단한 한글 실력을 갖게 될 거예요.

아이와 부모님 모두에게 든든한 길잡이가 되길 바라며
초등 교사 하유정 드림

이 책의 구성과 특징

받아쓰기를 시작하는 아이들이 가장 헷갈려 하고, 자주 틀리는 낱말을 4가지 항목으로 구분하여 구성했어요. 뜻을 생각하며 **어휘 따라 쓰기, 짧은 문장 속 어휘 따라 쓰기, 한 문장 속 다른 뜻을 가진 어휘/문장 따라 쓰기, 낱말-문장 연결하기, 짧은 문장 쓰기**를 통해 헷갈리는 어휘와 친해지고 눈에 자주 익힐 수 있도록 도와줍니다.

소리는 비슷하지만 뜻이 다른 어휘

각 페이지에는 맞춤법 어휘를 기억하는데 도움이 되는 선생님의 꿀팁이 수록되어 있어요.

소리도 뜻도 다른데 헷갈리는 어휘

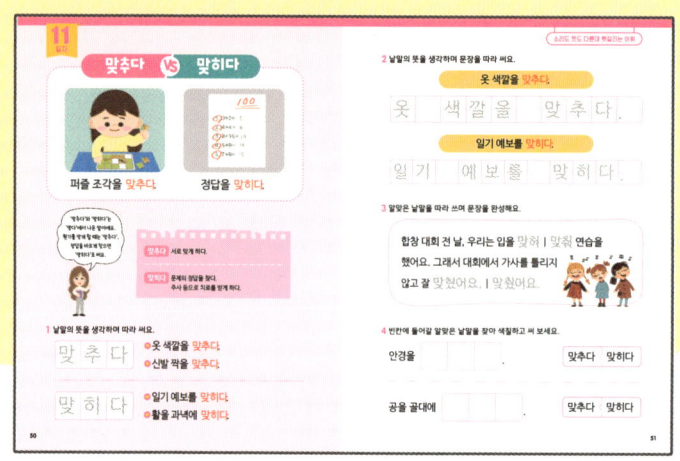

소리는 같지만 뜻이 다른 어휘

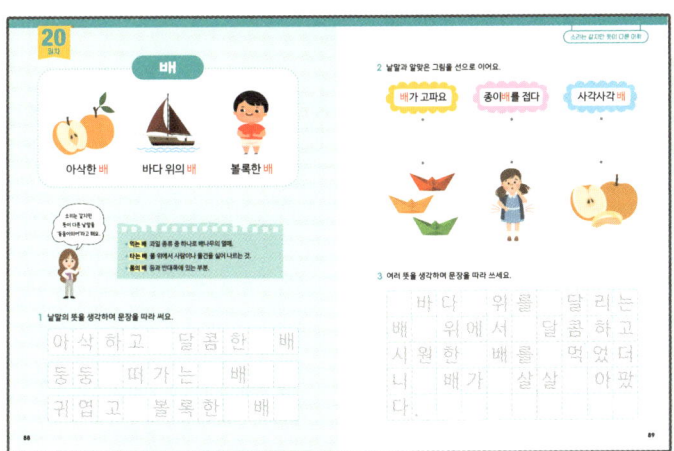

여러 예시 문장을 또박또박 따라 쓰며 헷갈리는 어휘에 익숙해져요.

틀리기 쉬운 낱말

복습 활동

차례

소리는 비슷하지만 뜻이 다른 어휘

01일차 새다 VS 세다 | 때다 VS 떼다

02일차 배다 VS 베다 | 매다 VS 메다

03일차 절이다 VS 저리다 | 짓다 VS 짖다

04일차 시키다 VS 식히다 | 업다 VS 엎다

05일차 무치다 VS 묻히다 | 반드시 VS 반듯이

06일차 싸이다 VS 쌓이다 | 집다 VS 짚다

07일차 맞다 VS 맡다 | 다치다 VS 닫히다

08일차 드러내다 VS 들어내다 | 갖다 VS 같다

09일차 부치다 VS 붙이다 | 띄다 VS 띠다

10일차 찢다 VS 찧다 | 바치다 VS 받치다

복습활동

소리도 뜻도 다른데 헷갈리는 어휘

11일차 맞추다 VS 맞히다 | 잃다 VS 잊다

12일차 가르치다 VS 가리키다 | 다르다 VS 틀리다

13일차 바라다 VS 바래다 | 두껍다 VS 두텁다

14일차 부수다 VS 부시다 | 젖히다 VS 제치다

15일차 작다 VS 적다 | 낫다 VS 낮다

16일차 좇다 VS 쫓다 | 비추다 VS 비치다

17일차 벌리다 VS 벌이다 | 들르다 VS 들리다

18일차 늘리다 VS 늘이다 | 섞다 VS 썩다

19일차 껍데기 VS 껍질 | -쟁이 VS -장이

복습활동

소리는 같지만 뜻이 다른 어휘

20일차 배 | 김
21일차 밤 | 눈
22일차 사과 | 말
23일차 금 | 공기
24일차 벌 | 차
25일차 뜨다 | 타다

복습활동

틀리기 쉬운 낱말

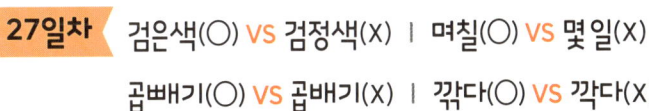

26일차 찌개(○) vs 찌게(X) | 아기(○) vs 애기(X)
가게(○) vs 가개(X) | 베개(○) vs 배개(X)

27일차 검은색(○) vs 검정색(X) | 며칠(○) vs 몇일(X)
곱빼기(○) vs 곱배기(X) | 깎다(○) vs 깍다(X)

28일차 떡볶이(○) vs 떡볶기(X) | 개수(○) vs 갯수(X)
넓다(○) vs 널다(X) | 해님(○) vs 햇님(X)

29일차 역할(○) vs 역활(X) | 설거지(○) vs 설겆이(X)
도대체(○) vs 도데체(X) | 눈곱(○) vs 눈꼽(X)

30일차 거꾸로(○) vs 꺼꾸로(X) | 휴게소(○) vs 휴계소(X)
얼음(○) vs 어름(X) | 꽃봉오리(○) vs 꽃봉우리(X)

복습활동
딩동댕! 정답

새다 VS 세다

물이 새다.   숫자를 세다.

'바람이 새다'는 바람이 틈 사이로 나가는 거고, '바람이 세다'는 바람이 강하다는 의미예요.

| 새다 | 물, 빛, 소리 등이 틈으로 빠져나오다. |
| 세다 | 힘이 강하다.
개수를 세다. |

1 낱말의 뜻을 생각하며 따라 써요.

새 다
- 자전거 바퀴에서 공기가 새다.
- 노랫소리가 새어 나오다.

세 다
- 곰지는 고집이 세다.
- 밤하늘의 별을 세다.

소리는 비슷하지만 뜻이 다른 어휘

2 낱말의 뜻을 생각하며 문장을 따라 써요.

병에서 물이 새다.

| 병 | 에 | 서 | | 물 | 이 | | 새 | 다 | . |

사탕 개수를 세다.

| 사 | 탕 | | 개 | 수 | 를 | | 세 | 다 | . |

3 알맞은 낱말을 따라 쓰며 문장을 완성해요.

우산이 고장 나서 비가 세어 | 새어 들어 왔다. 바람도 세게 | 새게 불어서 걷기 힘들었다.

4 빈칸에 들어갈 알맞은 낱말을 찾아 색칠하고 써 보세요.

창문에서 불빛이  .    새다   세다

겨울 바람이  .   새다   세다

9

때다 VS 떼다

불을 때다.

스티커를 떼다.

> 모음 'ㅐ'와 'ㅔ'는 가장 많이 헷갈려 해요. '때면' 불이 붙고, '떼면' 떨어진다고 기억해요.

| 때다 | 장작 등에 불을 지펴서(붙여서) 타게 하다. |
| 떼다 | 붙어 있는 것을 떨어지게 하다. 배우던 것을 끝내다. |

1 낱말의 뜻을 생각하며 따라 써요.

- 나뭇가지를 모아 불을 때다.
- 아궁이에 장작을 때다.

- 옷의 상표를 떼다.
- 한글을 떼다.

소리는 비슷하지만 뜻이 다른 어휘

2 낱말의 뜻을 생각하며 문장을 따라 써요.

장작을 **때다**.

옷의 상표를 **떼다**.

3 알맞은 낱말을 따라 쓰며 문장을 완성해요.

아빠가 난로에 장작을 때는 | 떼는 동안, 나는 놀이책에서 스티커를 때어 | 떼어 붙이며 놀았다.

4 빈칸에 들어갈 알맞은 낱말을 찾아 색칠하고 써 보세요.

바지에서 먼지를 ☐☐ .   떼다 | 때다

방에 불을 ☐☐ .   떼다 | 때다

배다 VS 베다

물감이 배다.

베개를 베다.

> 헷갈릴 때는 베는 물건이 베개라고 기억해 보세요.

| 배다 | 다른 것에 스며들다.
버릇이 되어 익숙해지다. |
| 베다 | 자르거나 상처를 내다.
(베개와 같은 것에) 기대어 눕다. |

1 낱말의 뜻을 생각하며 따라 써요.

- 옷에 음식 냄새가 배다.
- 친절이 몸에 배다.

- 종이에 손가락을 베다.
- 엄마의 무릎을 베다.

소리는 비슷하지만 뜻이 다른 어휘

2 낱말의 뜻을 생각하며 문장을 따라 써요.

옷에 냄새가 배다.

| 옷 | 에 | | 냄 | 새 | 가 | | 배 | 다 | . |

엄마의 무릎을 베다.

| 엄 | 마 | 의 | | 무 | 릎 | 을 | | 베 | 다 | . |

3 알맞은 낱말을 따라 쓰며 문장을 완성해요.

종이접기를 하다가 손을 배었다. | 베었다.
친절이 몸에 배인 | 베인 짝꿍 수민이가
밴드를 줘서 붙였다.

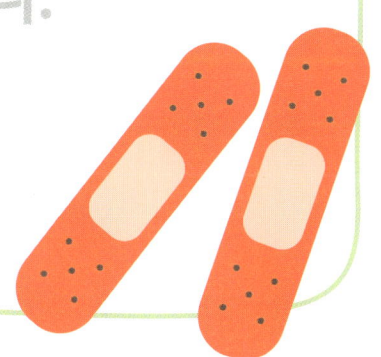

4 빈칸에 들어갈 알맞은 낱말을 찾아 색칠하고 써 보세요.

장갑에 땀이 흠뻑 ☐☐.  배다 | 베다

가을에 벼를 ☐☐.  배다 | 베다

매다 VS 메다

운동화 끈을 매다.

가방을 메다.

풀어지지 않게 잘 묶을 때는 '매다', 어깨에 걸칠 때는 '메다'예요. 넥타이는 매고, 가방은 메요. 끈을 매면 매듭이 생긴다는 것도 함께 기억해요.

매다 끈이나 줄 등을 풀어지지 않도록 묶어서 고정하다.

메다 배낭이나 가방을 어깨에 걸치다.
뚫려 있거나 비어 있는 곳이 채워지다.

1 낱말의 뜻을 생각하며 따라 써요.

| 매 다 |
- 넥타이를 매다.
- 안전벨트를 매다.

| 메 다 |
- 어깨에 배낭을 메다.
- 슬퍼서 목이 메다.

소리는 비슷하지만 뜻이 다른 어휘

2 낱말의 뜻을 생각하며 문장을 따라 써요.

운동화 끈을 **매다**.

| 운 | 동 | 화 | | 끈 | 을 | | 매 | 다 | . |

무거운 배낭을 **메다**.

| 무 | 거 | 운 | | 배 | 낭 | 을 | | 메 | 다 | . |

3 알맞은 낱말을 따라 쓰며 문장을 완성해요.

학교에 등교하려고 가방을 매고 | 메고
운동화 끈도 단단히 맸다. | 멨다.
학교로 출발!

4 빈칸에 들어갈 알맞은 낱말을 찾아 색칠하고 써 보세요.

나무에 그네를 ☐☐ .   매다 | 메다

방이 연기로 ☐☐ .   매다 | 메다

03 일차

절이다 VS 저리다

배추를 소금물에 절이다.

다리가 저리다.

음식과 연결되면 '절이다'로, 몸과 연결되면 '저리다'로 써요. (우리 몸을 절이면 큰일 나요!)

절이다 소금이나 식초 같은 것에 담가 간이 배게 한다.

저리다 피가 잘 통하지 못해 몸이 찌릿찌릿하다. 마음이 많이 아프다.

1 낱말의 뜻을 생각하며 따라 써요.

절 이 다
- 생선을 소금에 절이다.
- 오이를 식초에 절이다.

저 리 다
- 추워서 손끝이 저리다.
- 마음이 저리다.

소리는 비슷하지만 뜻이 다른 어휘

2 낱말의 뜻을 생각하며 문장을 따라 써요.

배추를 절이다.

배추를 절이다.

손끝이 저리다.

손끝이 저리다.

3 알맞은 낱말을 따라 쓰며 문장을 완성해요.

배추를 소금에 절이느라 | 저리느라 오래 앉아 있었더니 다리가 저렸다. | 절였다.

4 빈칸에 들어갈 알맞은 낱말을 찾아 색칠하고 써 보세요.

도둑이 제 발 ☐☐☐.  절이다 | 저리다

복숭아를 설탕에 ☐☐.  절이다 | 저리다

짓다 vs 짖다

집을 짓다.

개가 짖다.

받침 ㅅ과 ㅈ은 ㄷ 받침 가족으로 소리가 같아요. 만드는 것은 '짓다'로, 동물 소리는 '짖다'로 써요.

짓다 재료를 써서 무엇을 만들다.
글을 쓰다.

짖다 동물이 소리를 내다.

1 낱말의 뜻을 생각하며 따라 써요.

| 짓 | 다 |

- 쌀로 보글보글 밥을 짓다.
- 나만의 동시를 짓다.

| 짖 | 다 |

- 낯선 소리에 개가 짖다.
- 까치가 깍깍 짖다.

소리는 비슷하지만 뜻이 다른 어휘

2 낱말의 뜻을 생각하며 문장을 따라 써요.

> 개가 컹컹 짖다.

| 개 | 가 | | 컹 | 컹 | | 짖 | 다 | . | |

> 멋진 양복을 짓다.

| 멋 | 진 | | 양 | 복 | 을 | | 짓 | 다 | . |

3 알맞은 낱말을 따라 쓰며 문장을 완성해요.

아빠가 강아지 집을 탁탁 짓고 | 짖고 있는데, 소리에 놀란 봄이가 멍멍 하고 짓기 | 짖기 시작했다.

4 빈칸에 들어갈 알맞은 낱말을 찾아 색칠하고 써 보세요.

랄랄라 노래 가사를  .   짖다 | 짓다

나무 위 까마귀가  .   짖다 | 짓다

04일차

시키다 VS 식히다

심부름을 시키다.

열을 식히다.

'국을 시키다'는 국을 주문하는 거예요. '국을 식히다'는 국을 후후 불어 차갑게 만드는 거예요.

| 시키다 | 어떤 행동을 하게 하다. |
| 식히다 | 뜨거운 것의 온도를 낮추다. |

1 낱말의 뜻을 생각하며 따라 써요.

| 시 | 키 | 다 |

- 줄넘기를 시키다.
- 김밥을 시키다.

| 식 | 히 | 다 |

- 그늘에서 땀을 식히다.
- 화를 식히다.

소리는 비슷하지만 뜻이 다른 어휘

2 낱말의 뜻을 생각하며 문장을 따라 써요.

발표를 시키다.

| 발 | 표 | 를 | | 시 | 키 | 다 | . | | |

국물을 식히다.

| 국 | 물 | 을 | | 식 | 히 | 다 | . | | |

3 알맞은 낱말을 따라 쓰며 문장을 완성해요.

선생님은 우리에게 달리기를 시킨 | 식힌 후, 나무 밑 그늘에서 땀을 시키게 | 식히게 했다.

4 빈칸에 들어갈 알맞은 낱말을 찾아 색칠하고 써 보세요.

교실 청소를 ☐☐☐ .   식히다 | 시키다

뜨거운 우유를 ☐☐☐ .   식히다 | 시키다

업다 VS 엎다

인형을 등에 업다.

물그릇을 엎다.

> 받침 ㅂ과 ㅍ은 ㅂ 받침 가족으로 같은 소리를 내요. 등에 올리면 '업다', 뒤집거나 쏟으면 '엎다'예요. 아기는 업어 줘야지, 엎으면 큰일 나요!

| 업다 | 어떤 것을 등에 태우다. |
| 엎다 | 물건이나 그릇을 뒤집다. |

1 낱말의 뜻을 생각하며 따라 써요.

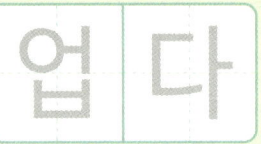
- 다친 친구를 업고 뛰었다.
- 응원을 등에 업고 시합에 나갔다.

- 선반에 컵을 엎어 두다.
- 탁자 위 주스를 엎었다.

소리는 비슷하지만 뜻이 다른 어휘

2 낱말의 뜻을 생각하며 문장을 따라 써요.

친구를 업고 뛰다.

| 친 | 구 | 를 | | 업 | 고 | | 뛰 | 다 | . |

컵을 엎어 두다.

| 컵 | 을 | | 엎 | 어 | | 두 | 다 | . | |

3 알맞은 낱말을 따라 쓰며 문장을 완성해요.

동생을 등에 업고 | 엎고 가다가
실수로 쓰레기통을 업었다. | 엎었다.

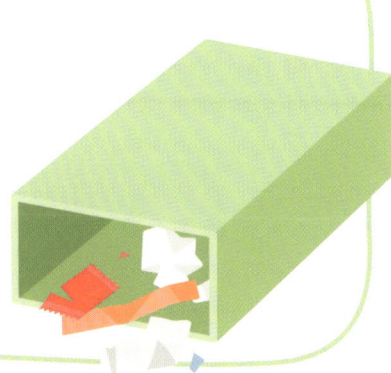

4 빈칸에 들어갈 알맞은 낱말을 찾아 색칠하고 써 보세요.

실수로 꽃병을 ☐☐.   업다 | 엎다

동생이 ☐☐ 달라고 졸랐다.   업어 | 엎어

05일차

무치다 VS 묻히다

나물을 무치다.

흙 속에 묻히다.

음식과 관련이 있으면 '무치다', 어떤 것이 다른 것에 묻어 있게 되면 '묻히다'예요.

| 무치다 | 나물 등에 양념을 넣고 골고루 섞다. |
| 묻히다 | 어떤 것이 다른 물체에 묻다. |

1 낱말의 뜻을 생각하며 따라 써요.

무 치 다
- 콩나물을 무치다.
- 오이를 고춧가루에 무치다.

묻 히 다
- 옷에 잉크를 묻히다.
- 튀김옷을 묻히다.

소리는 비슷하지만 뜻이 다른 어휘

2 낱말의 뜻을 생각하며 문장을 따라 써요.

콩나물을 무치다.

| 콩 | 나 | 물 | 을 | | 무 | 치 | 다 | . | |

튀김옷을 묻히다.

| 튀 | 김 | 옷 | 을 | | 묻 | 히 | 다 | . | |

3 알맞은 낱말을 따라 쓰며 문장을 완성해요.

할머니는 새우에 밀가루를 무쳐 | 묻혀 튀김을 만드셨고, 엄마는 오색 나물을 무쳤다. | 묻혔다.

4 빈칸에 들어갈 알맞은 낱말을 찾아 색칠하고 써 보세요.

설탕을 듬뿍 [ ][ ] 도넛!   묻힌 〉 무친

참기름으로 [ ][ ] 나물!   묻힌 〉 무친

반드시 VS 반듯이

약속은 **반드시** 지키자!

색종이를 **반듯이** 접다.

'반듯하게'를 넣었을 때 자연스러우면 '반듯이'가 맞다고 기억해 보세요.

반드시	틀림없이, 꼭.
반듯이	생김새나 행동이 비뚤지 않고 가지런하게.

1 낱말의 뜻을 생각하며 따라 써요.

반 드 시
- 내일 **반드시** 일찍 일어나야지.
- 양치질은 **반드시** 하루 세 번!

반 듯 이
- 책장을 **반듯이** 정리하다.
- 신발을 **반듯이** 놓다.

소리는 비슷하지만 뜻이 다른 어휘

2 낱말의 뜻을 생각하며 문장을 따라 써요.

약속은 반드시 지키자!

| 약 | 속 | 은 | | 반 | 드 | 시 | | 지 | 키 | 자 | ! |

색종이를 반듯이 접다.

| 색 | 종 | 이 | 를 | | 반 | 듯 | 이 | | 접 | 다 | . |

3 알맞은 낱말을 따라 쓰며 문장을 완성해요.

자기 전에 베개를 반드시 | 반듯이 놓고,

이를 반드시 | 반듯이 닦아야 해.

4 빈칸에 들어갈 알맞은 낱말을 찾아 색칠하고 써 보세요.

반찬은 [　　　] 골고루 먹자.   반듯이 | 반드시

식탁에 수저를 [　　　] 놓다.   반듯이 | 반드시

싸이다 VS 쌓이다

안개에 싸이다.   눈이 쌓이다.

'싸이다'는 옆으로 덮이는 것, '쌓이다'는 위로 여러 겹 덮이는 것을 말해요. '싸다'와 '쌓다'를 떠올리며 기억해 보세요.

싸이다 물건이 보이지 않게 씌워져 가려지다.

쌓이다 여러 개의 물건이 겹겹이 포개어 얹히다.

1 낱말의 뜻을 생각하며 따라 써요.

싸 이 다
- 신문지에 싸이다.
- 근심에 싸이다.

쌓 이 다
- 책상에 책이 쌓이다.
- 쓰레기가 쌓이다.

소리는 비슷하지만 뜻이 다른 어휘

2 낱말의 뜻을 생각하며 문장을 따라 써요.

신문지에 **싸이다**.

| 신 | 문 | 지 | 에 | | 싸 | 이 | 다 | . | |

쓰레기가 **쌓이다**.

| 쓰 | 레 | 기 | 가 | | 쌓 | 이 | 다 | . | |

3 알맞은 낱말을 따라 쓰며 문장을 완성해요.

거실에 **싸인 | 쌓인** 장난감을 보자,
엄마의 얼굴이 근심에 **싸였다. | 쌓였다.**

4 빈칸에 들어갈 알맞은 낱말을 찾아 색칠하고 써 보세요.

강둑에 흙이 [　　　].   싸이다 | 쌓이다

포장지에 [　　] 선물.   싸인 | 쌓인

집다 VS 짚다

집게로 쓰레기를 집다.

지팡이를 짚다.

받침 ㅂ과 ㅍ은 ㅂ 받침 가족으로 같은 소리를 내요. 물건을 잡으면 '집다'로, 기대거나 가리키면 '짚다'로 써요.

집다 물건을 잡아 올리다.

짚다 바닥이나 벽, 지팡이 등에 몸을 의지하다.
손으로 이마를 가볍게 누르다.
어떤 곳을 가리키다.

1 낱말의 뜻을 생각하며 따라 써요.

- 떨어진 연필을 집다.
- 여러 것 중 하나를 집다.

- 목발을 짚다.
- 책을 짚어 가며 읽다.

소리는 비슷하지만 뜻이 다른 어휘

2 낱말의 뜻을 생각하며 문장을 따라 써요.

쓰레기를 집다.

지팡이를 짚다.

3 알맞은 낱말을 따라 쓰며 문장을 완성해요.

나는 책을 읽다가 책상에 있던 연필을 집어서 | 짚어서 중요한 내용을 집어 | 짚어 가며 읽었다.

4 빈칸에 들어갈 알맞은 낱말을 찾아 색칠하고 써 보세요.

젓가락으로 반찬을  . 　　집다　짚다

열이 나서 이마를  . 　　집다　짚다

맞다 VS 맡다

백점을 맞다.

빵 냄새를 맡다.

> 받침 ㅈ과 ㅌ은 ㄷ 받침 가족으로 같은 소리를 내요. '맞다'와 '맡다' 모두 다양한 뜻을 가지고 있으니 각 뜻을 모두 익혀 두세요.

맞다 틀리지 않고 바르다.
어떤 것이 내 몸에 닿다.

맡다 어떤 일을 책임지다.
자리를 차지하다.
코로 냄새를 느끼다.

1 낱말의 뜻을 생각하며 따라 써요.

- 세찬 비를 맞다.
- 독감 주사를 맞다.

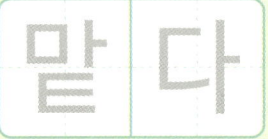
- 도서실 자리를 맡다.
- 주인공 역할을 맡다.

소리는 비슷하지만 뜻이 다른 어휘

2 낱말의 뜻을 생각하며 문장을 따라 써요.

독감 주사를 **맞다**.

| 독 | 감 | | 주 | 사 | 를 | | 맞 | 다 | . |

주인공 역할을 **맡다**.

| 주 | 인 | 공 | | 역 | 할 | 을 | | 맡 | 다 | . |

3 알맞은 낱말을 따라 쓰며 문장을 완성해요.

축구 시합에서 골키퍼를 맞아서 | 맡아서 공을 열심히 막았지만 공에 많이 맞았다. | 맡았다.

4 빈칸에 들어갈 알맞은 낱말을 찾아 색칠하고 써 보세요.

내가 쓴 답이 ☐☐ .   맞다 ▸ 맡다

청소 당번을 ☐☐ .   맞다 ▸ 맡다

다치다 VS 닫히다

넘어져서 무릎을 다치다.

문이 쾅 닫히다.

'닫히다'는 ㄷ과 ㅎ이 만나면서 ㅊ 소리로 변해 '다치다'로 소리나요.

| 다치다 | 몸이나 마음에 상처가 생기다. |
| 닫히다 | 열린 문이나 서랍 등이 제자리로 가 막히다. |

1 낱말의 뜻을 생각하며 따라 써요.

다 치 다
- 머리를 다치다.
- 꽃이 다치지 않도록 조심해!

닫 히 다
- 은행 문이 닫히다.
- 바람에 창문이 닫히다.

소리는 비슷하지만 뜻이 다른 어휘

2 낱말의 뜻을 생각하며 문장을 따라 써요.

머리를 **다치다**.

| 머 | 리 | 를 | | 다 | 치 | 다 | . | | |

은행 문이 **닫히다**.

| 은 | 행 | | 문 | 이 | | 닫 | 히 | 다 | . |

3 알맞은 낱말을 따라 쓰며 문장을 완성해요.

엘리베이터 문이 빠르게

다치는 | 닫히는 바람에

자칫하면 다칠 | 닫힐 뻔했다.

4 빈칸에 들어갈 알맞은 낱말을 찾아 색칠하고 써 보세요.

계단에서 넘어져 ☐☐☐.   다쳤다 | 닫혔다

병뚜껑이 꽉 ☐☐☐.   다쳤다 | 닫혔다

08 일차

드러내다 VS 들어내다

속마음을 드러내다.

이삿짐을 들어내다.

두 어휘는 글자는 다르지만 소리가 같아요. '들어내다'의 ㄹ 소리가 바로 뒤 ㅇ자리로 옮겨 가면서 소리를 내기 때문이에요.

드러내다 가려졌던 것을 보이게 하다.

들어내다 들어서 밖으로 옮기다.

1 낱말의 뜻을 생각하며 따라 써요.

드러내다
- 춤 실력을 드러내다.
- 하얀 이를 드러내다.

들어내다
- 방에서 책장을 들어내다.
- 쓰레기를 밖으로 들어내다.

소리는 비슷하지만 뜻이 다른 어휘

2 낱말의 뜻을 생각하며 문장을 따라 써요.

속마음을 드러내다.

| 속 | 마 | 음 | 을 | | 드 | 러 | 내 | 다 | . |

책장을 들어내다.

| 책 | 장 | 을 | | 들 | 어 | 내 | 다 | . | |

3 알맞은 낱말을 따라 쓰며 문장을 완성해요.

이삿짐을 드러내니 | 들어내니

오래된 낙서가

드러났어. | 들어났어.

4 빈칸에 들어갈 알맞은 낱말을 찾아 색칠하고 써 보세요.

창고에서 박스를 ____.

행복한 기분을 ____.

드러내다 / 들어내다

갖다 VS 같다

학교에 책을 갖고 가다.

친구랑 키가 같다.

받침 ㅈ, ㅌ은 ㄷ 받침 가족이라서 같은 소리를 내요. '가지다'의 ㅈ을 아래 받침으로 써서 '갖다'로 줄여 쓸 수 있어요.

| 갖다 | '가지다'의 줄임말 |
| 같다 | 비슷하거나 다르지 않다. |

1 낱말의 뜻을 생각하며 따라 써요.

- 새 직업을 갖다.
- 고양이가 새끼를 갖다.

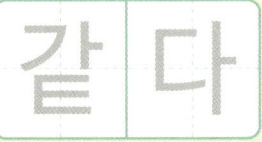
- 곧 비가 올 것 같다.
- 사과 같은 내 얼굴

소리는 비슷하지만 뜻이 다른 어휘

2 낱말의 뜻을 생각하며 문장을 따라 써요.

새 직업을 **갖다**.

사과 **같은** 내 얼굴

3 알맞은 낱말을 따라 쓰며 문장을 완성해요.

기다리던 소풍을 갔더니 수영이가 나와 갖은 | 같은

물통을 갖고 | 같고 있었어.

역시 수영이는 내 친구!

4 빈칸에 들어갈 알맞은 낱말을 찾아 색칠하고 써 보세요.

생일에 게임기를 ☐☐ 싶다.　　갖고 | 같고

마음이 바다 ☐☐ .　　갖다 | 같다

09 일차

부치다 VS 붙이다

택배를 부치다.

이름표를 붙이다.

'부치다'와 '붙이다'는 모두 [부치다]로 소리 내요. 우표는 풀로 '붙이고', 편지는 '부친다'라고 기억해 보세요.

| 부치다 | 편지나 물건을 보내다.
기름을 발라 음식을 익히다.
힘이 부족하다. |
| 붙이다 | 어떤 것에 닿아 떨어지지 않게 하다.
불을 일으키다. |

1 낱말의 뜻을 생각하며 따라 써요.

| 부 | 치 | 다 |

- 김치전을 부치다.
- 힘에 부치다.

| 붙 | 이 | 다 |

- 우표를 붙이다.
- 초에 불을 붙이다.

소리는 비슷하지만 뜻이 다른 어휘

2 낱말의 뜻을 생각하며 문장을 따라 써요.

김치전을 **부치다**.

| 김 | 치 | 전 | 을 | | 부 | 치 | 다 | . | |

우표를 **붙이다**.

| 우 | 표 | 를 | | 붙 | 이 | 다 | . | | |

3 알맞은 낱말을 따라 쓰며 문장을 완성해요.

택배를 **부치려면** | 붙이려면
주소 스티커를 꼭 **붙여야** | 부쳐야
해요.

4 빈칸에 들어갈 알맞은 낱말을 찾아 색칠하고 써 보세요.

편지를 [　　　].　　　　　　부치다 · 붙이다

벽에 메모지를 [　　　].　　　부치다 · 붙이다

띄다 VS 띠다

눈에 띄다.

미소를 띠다.

'가지다'를 대신 넣었을 때 말이 되면 '띠다'를 써요. '예쁜 미소를 가지다'는 말이 되니 '예쁜 미소를 띠다'가 될 수 있어요.

> **띄다** '뜨이다'의 줄임말로, 눈에 잘 보이다. 두드러지다.
>
> **띠다** 색깔이나 성질, 감정을 가지다.

1 낱말의 뜻을 생각하며 따라 써요.

- 귀가 번쩍 띄다.
- 눈에 띄는 행동

- 활기를 띠다.
- 붉은 빛을 띠는 장미

소리는 비슷하지만 뜻이 다른 어휘

2 낱말의 뜻을 생각하며 문장을 따라 써요.

귀가 번쩍 띄다.

귀가 번쩍 띄다.

활기를 띠다.

활기를 띠다.

3 알맞은 낱말을 따라 쓰며 문장을 완성해요.

학예 발표회 날, 친구들과 무대에 올라 갔는데 밝은 색깔을 띠는 | 띄는 옷을 입고 있어서 눈에 잘 띠었다. | 띄었다.

4 빈칸에 들어갈 알맞은 낱말을 찾아 색칠하고 써 보세요.

아빠 차가 눈에 ☐☐ .   띠다 띄다

대화는 열기를 ☐☐ 시작했다.   띠기 띄기

10일차

찢다 vs 찧다

신문지를 **찢다**.

곡식을 **찧다**.

'찢다'와 '찧다'의 받침 글자는 모두 ㄷ받침 가족이에요. 그래서 소리는 비슷하지만 뜻은 전혀 달라요.

찢다 어떤 것을 뜯거나 갈라지게 하다.

찧다 어떤 것을 단단한 곳에 내리치다.

1 낱말의 뜻을 생각하며 따라 써요.

- 포장지를 **찢다**.
- 스케치북을 **찢다**.

- 밤을 망치로 **찧다**.
- 마늘을 절구에 넣고 **찧다**.

소리는 비슷하지만 뜻이 다른 어휘

2 낱말의 뜻을 생각하며 문장을 따라 써요.

스케치북을 찢다.

스케치북을 찢다.

밤을 망치로 찧다.

밤을 망치로 찧다.

3 알맞은 낱말을 따라 쓰며 문장을 완성해요.

달리기를 하다가 넘어져서 무릎을 찢었는데 | 찧었는데, 집에 와서 보니 바지가 찢어져 | 찧어져 있었다.

4 빈칸에 들어갈 알맞은 낱말을 찾아 색칠하고 써 보세요.

어린 동생이 휴지를 ☐☐ .   찢다 · 찧다

떡방아를 ☐☐ .   찢다 · 찧다

바치다 VS 받치다

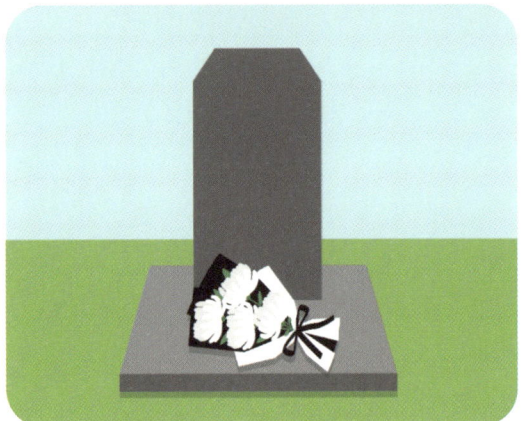
꽃을 바치다.

쟁반에 받치다.

무언가를 아낌없이 내어 줄 때는 '바치다', 밑에 다른 물건을 댈 때는 '받치다'예요. 컵 받침을 떠올리면 기억하기 쉬워요.

바치다	정중하게 드리다. 정성을 다하다.
받치다	어떤 물건의 아래에서 떠받치다.

1 낱말의 뜻을 생각하며 따라 써요.

바 치 다
- 연구에 몸을 바치다.
- 부모님께 꽃을 바치다.

받 치 다
- 받침 있는 낱말은 어렵다.
- 기둥이 천장을 받치다.

소리는 비슷하지만 뜻이 다른 어휘

2 낱말의 뜻을 생각하며 문장을 따라 써요.

연구에 몸을 바치다.

| 연 | 구 에 | | 몸 을 | | 바 | 치 | 다 . |

기둥이 천장을 받치다.

| 기 | 둥 이 | | 천 장 을 | | 받 | 치 | 다 . |

3 알맞은 낱말을 따라 쓰며 문장을 완성해요.

동생이 반지를 상자에 바쳐서 | 받쳐서 건네자, 삼촌은 무릎을 꿇고 신부에게 반지를 바쳤다. | 받쳤다.

4 빈칸에 들어갈 알맞은 낱말을 찾아 색칠하고 써 보세요.

신하들이 왕에게 선물을 ☐☐☐ .

등에 쿠션을 ☐☐☐ .

47

 복습활동

문장을 소리 내어 읽고, 알맞은 문장에 ◯ 하세요.

숫자를 새다. ☐
숫자를 세다. ☐

장작을 때다. ☐
장작을 떼다. ☐

베개를 베다. ☐
베개를 배다. ☐

운동화 끈을 메다. ☐
운동화 끈을 매다. ☐

배추를 소금물에 절이다. ☐
배추를 소금물에 저리다. ☐

개가 짓다. ☐
개가 짖다. ☐

지팡이를 짚다. ☐
지팡이를 집다. ☐

이삿짐을 드러내다. ☐
이삿짐을 들어내다. ☐

이름표를 부치다. ☐
이름표를 붙이다. ☐

소리는 비슷하지만 뜻이 다른 어휘

곰지의 맞춤법 시험지를 채점하고, 몇 개를 맞혔는지 쓰세요.

병에서 물이 세다.	옷의 상표를 떼다.	선생님이 발표를 식혔다.	물 그릇을 엎다.
설탕을 무친 도넛	신발을 반듯이 놓다.	강둑에 흙이 쌓이다.	땅에 떨어진 쓰레기를 짚다.
세찬 비를 맞다.	선물을 포장지에 싸다.	문이 쾅 닫히다.	친구랑 키가 갖다.
멋진 춤 실력을 들어내다.	예쁜 꽃이 눈에 띄다.	할머니께 편지를 부치다.	넥타이를 메다.

☐ 개

11일차

맞추다 VS 맞히다

퍼즐 조각을 맞추다.

정답을 맞히다.

'맞추다'와 '맞히다'는 '맞다'에서 나온 말이에요. 뭔가를 맞게 할 때는 '맞추다', 정답을 바르게 찾으면 '맞히다'로 써요.

| 맞추다 | 서로 맞게 하다. |
| 맞히다 | 문제의 정답을 찾다. 주사 등으로 치료를 받게 하다. |

1 낱말의 뜻을 생각하며 따라 써요.

맞추다
- 옷 색깔을 맞추다.
- 신발 짝을 맞추다.

맞히다
- 일기 예보를 맞히다.
- 활을 과녁에 맞히다.

50

소리도 뜻도 다른데 헷갈리는 어휘

2 낱말의 뜻을 생각하며 문장을 따라 써요.

옷 색깔을 맞추다.

옷 색깔을 맞추다.

일기 예보를 맞히다.

일기 예보를 맞히다.

3 알맞은 낱말을 따라 쓰며 문장을 완성해요.

합창 대회 전 날, 우리는 입을 맞혀 | 맞춰 연습을 했어요. 그래서 대회에서 가사를 틀리지 않고 잘 맞혔어요. | 맞췄어요.

4 빈칸에 들어갈 알맞은 낱말을 찾아 색칠하고 써 보세요.

안경을 ☐☐☐. 　　　맞추다 　맞히다

공을 골대에 ☐☐☐. 　　맞추다 　맞히다

잃다 VS 잊다

장난감을 잃다.

숙제를 잊다.

'잃다'는 [일타]로, '잊다'는 [읻따]로 소리 내요.

| 잃다 | 더 이상 가지지 못하다. |
| 잊다 | 알고 있던 것을 생각해 내지 못하다. |

1 낱말의 뜻을 생각하며 따라 써요.

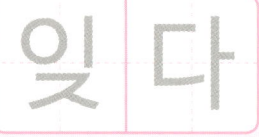
- 용기를 잃다.
- 직장을 잃다.

잊 다
- 심부름을 잊다.
- 숙제하는 것을 잊다.

소리도 뜻도 다른데 헷갈리는 어휘

2 낱말의 뜻을 생각하며 문장을 따라 써요.

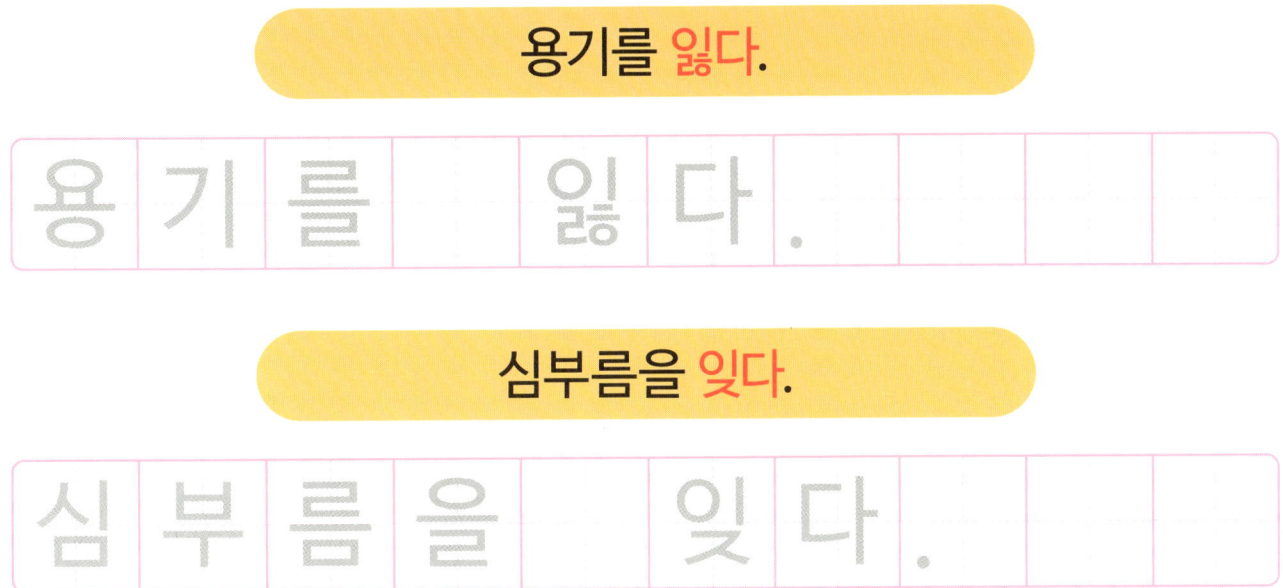

3 알맞은 낱말을 따라 쓰며 문장을 완성해요.

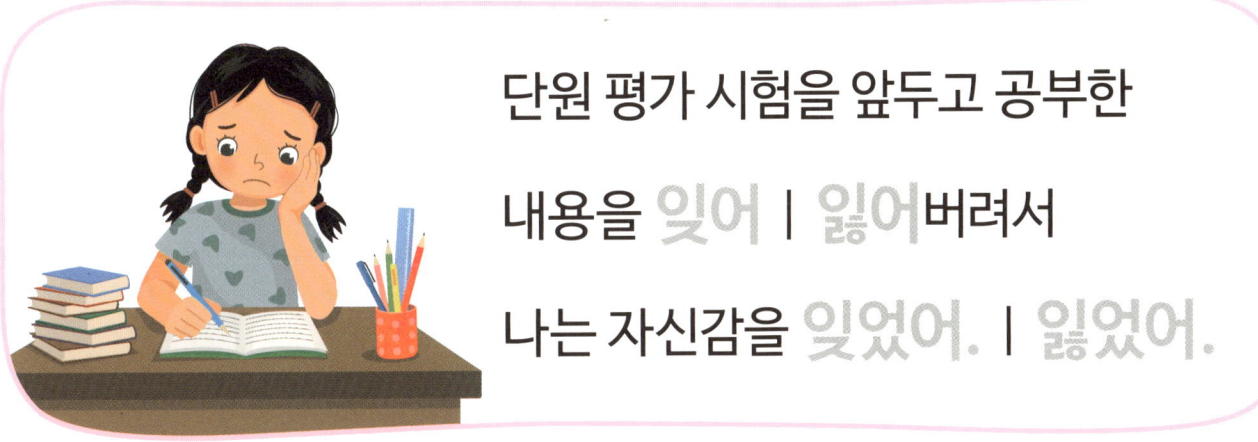

4 빈칸에 들어갈 알맞은 낱말을 찾아 색칠하고 써 보세요.

약속 시간을 깜빡 ☐☐.   잊다 | 잃다

소 ☐☐ 외양간 고친다.   잊고 | 잃고

12일차

가르치다 VS 가리키다

자전거를 **가르치다**.

시계가 네 시를 **가리키다**.

모르는 것은 '가르치다'로, 방향은 '가리키다'로 기억해요.

가르치다 지식이나 기술을 알려 주다.

가리키다 방향이나 대상을 알려 주다.

1 낱말의 뜻을 생각하며 따라 써요.

가 르 치 다
- 선생님이 **가르치다**.
- 한글을 **가르치다**.

가 리 키 다
- 오른쪽을 **가리키다**.
- 화살표로 **가리키다**.

소리도 뜻도 다른데 헷갈리는 어휘

2 낱말의 뜻을 생각하며 문장을 따라 써요.

선생님이 가르치다.

| 선 | 생 | 님 이 | | 가 | 르 | 치 | 다 | . |

화살표로 가리키다.

| 화 | 살 | 표 | 로 | | 가 | 리 | 키 | 다 | . |

3 알맞은 낱말을 따라 쓰며 문장을 완성해요.

엄마가 김밥 만드는 방법을 가리켜며 | 가르치며 재료를 하나씩 가리켰다. | 가르쳤다.

4 빈칸에 들어갈 알맞은 낱말을 찾아 색칠하고 써 보세요.

길 찾는 방법을 ____.   가르치다 / 가리키다

나침반이 동쪽을 ____.   가르치다 / 가리키다

55

다르다 VS 틀리다

좋아하는 색깔이 **다르다**.

계산이 **틀리다**.

'다르다'의 반대말은 '같다', '틀리다'의 반대말은 '맞다'예요. 우유와 두유는 '틀린' 게 아니라 '다른' 거예요.

다르다 비교되는 두 대상이 서로 같지 않다.

틀리다 정답이 아니거나 잘못되다, 또는 옳지 않다.

1 낱말의 뜻을 생각하며 따라 써요.

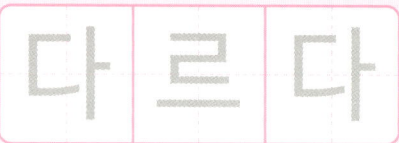

- 우유와 두유는 **다르다**.
- 쌍둥이지만 성격이 **다르다**.

- 덧셈 답이 **틀리다**.
- 일기 예보가 **틀리다**.

소리도 뜻도 다른데 헷갈리는 어휘

2 낱말의 뜻을 생각하며 문장을 따라 써요.

우유와 두유는 다르다.

우유와 두유는 다르다.

덧셈 답이 틀리다.

덧셈 답이 틀리다.

3 알맞은 낱말을 따라 쓰며 문장을 완성해요.

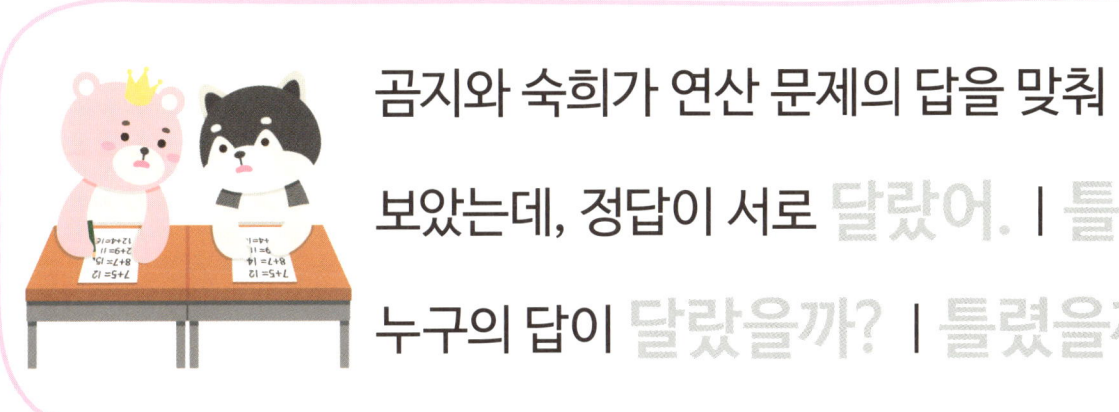

곰지와 숙희가 연산 문제의 답을 맞춰 보았는데, 정답이 서로 달랐어. | 틀렸어.
누구의 답이 달랐을까? | 틀렸을까?

4 빈칸에 들어갈 알맞은 낱말을 찾아 색칠하고 써 보세요.

딸기와 수박은 맛이 ☐☐☐ .   다르다 / 틀리다

받아쓰기에서 맞춤법을 ☐☐☐ .   다르다 / 틀리다

13일차

바라다 VS 바래다

선물을 바라다.

책 표지가 바래다.

희망을 가지면 '바라다'로, 색이 변한 건 '바래다'로 써요.

바라다 어떤 일이 이루어지기를 원하다.

바래다 색이 변하거나 희미해지다.
누군가를 배웅하다.

1 낱말의 뜻을 생각하며 따라 써요.

| 바 | 라 | 다 |

- 감기가 낫기를 바라다.
- 용서를 바라다.

| 바 | 래 | 다 |

- 햇볕에 색이 바래다.
- 친구를 바래다주다.

소리도 뜻도 다른데 헷갈리는 어휘

2 낱말의 뜻을 생각하며 문장을 따라 써요.

용서를 바라다.

용서를 바라다.

친구를 바래다주다.

친구를 바래다주다.

3 알맞은 낱말을 따라 쓰며 문장을 완성해요.

아빠가 출장을 무사히 다녀오기를 바라면서 | 바래면서 엄마와 공항까지 바라다 | 바래다 주었다.

4 빈칸에 들어갈 알맞은 낱말을 찾아 색칠하고 써 보세요.

전쟁이 끝나기를 ☐☐☐.   바라다 / 바래다

빛이 ☐☐ 낡은 사진들.   바란 / 바랜

59

두껍다 VS 두텁다

책이 **두껍다**.

우애가 **두텁다**.

두껍다 = 겉모양(물건),
두텁다 = 마음(믿음, 신뢰)
이렇게 기억해 보세요.

| 두껍다 | 어떤 것의 두께가 크다. |
| 두텁다 | 마음이나 관계가 깊다. |

1 낱말의 뜻을 생각하며 따라 써요.

- **두꺼운** 옷을 입다.
- 이불이 **두꺼워서** 따뜻하다.

- 믿음이 **두텁다**.
- 친구 사이의 **두터운** 우정

소리도 뜻도 다른데 헷갈리는 어휘

2 낱말의 뜻을 생각하며 문장을 따라 써요.

두꺼운 옷을 입다.

| 두 | 꺼 | 운 | | 옷 | 을 | | 입 | 다 | . |

믿음이 두텁다.

| 믿 | 음 | 이 | | 두 | 텁 | 다 | . | | |

3 알맞은 낱말을 따라 쓰며 문장을 완성해요.

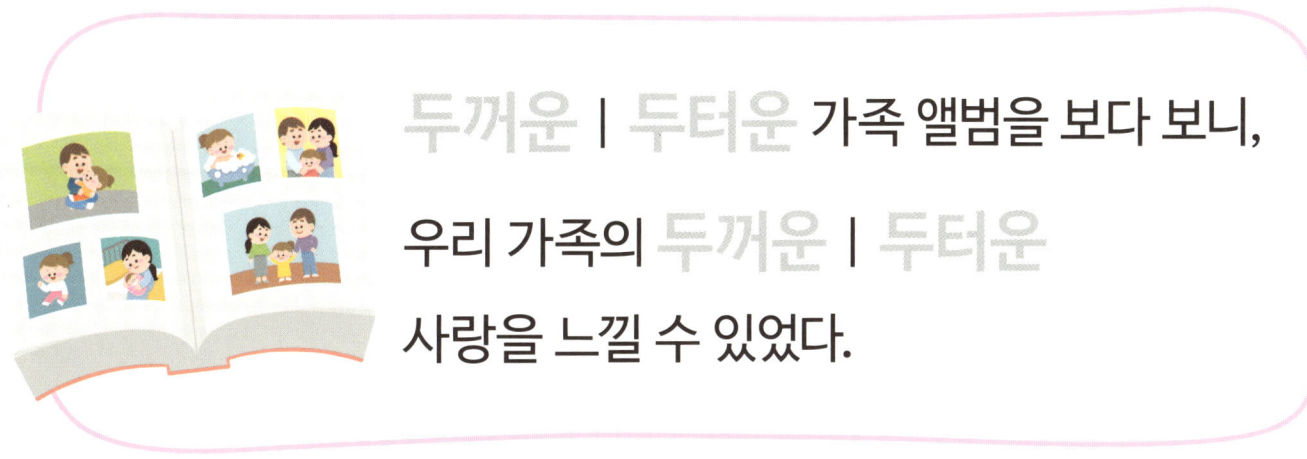

두꺼운 | 두터운 가족 앨범을 보다 보니, 우리 가족의 두꺼운 | 두터운 사랑을 느낄 수 있었다.

4 빈칸에 들어갈 알맞은 낱말을 찾아 색칠하고 써 보세요.

박스 두께가 ☐☐☐. 　두껍다 　두텁다

할머니는 신앙심이 ☐☐☐. 　두껍다 　두텁다

14일차

부수다 VS 부시다

찰흙 작품을 부수다.

햇빛에 눈이 부시다.

그릇을 '부수면' 깨뜨린 거예요. 그릇을 '부시면' 깨끗하게 씻은 거예요.

| 부수다 | 단단한 것을 깨뜨리거나 망가뜨리다. |
| 부시다 | 햇빛이 강해서 마주 보기 어렵다. 그릇 등을 깨끗이 씻다. |

1 낱말의 뜻을 생각하며 따라 써요.

| 부 | 수 | 다 |

- 블록 장난감을 부수다.
- 땅콩을 잘게 부수다.

| 부 | 시 | 다 |

- 그릇을 물로 부시다.
- 아름다워서 눈이 부시다.

소리도 뜻도 다른데 헷갈리는 어휘

2 낱말의 뜻을 생각하며 문장을 따라 써요.

땅콩을 잘게 **부수다**.

| 땅 | 콩 | 을 | | 잘 | 게 | | 부 | 수 | 다 | . |

그릇을 물로 **부시다**.

| 그 | 릇 | 을 | | 물 | 로 | | 부 | 시 | 다 | . |

3 알맞은 낱말을 따라 쓰며 문장을 완성해요.

영화 주인공이 동굴 벽을 **부수자** | **부시자**, 한 줄기 빛이 들어와 눈이 **부시게** | **부수게** 빛났다.

4 빈칸에 들어갈 알맞은 낱말을 찾아 색칠하고 써 보세요.

포크레인이 옛 집을 ☐☐☐. 　　부수다 · 부시다

눈이 ☐☐ 새하얀 스웨터. 　　부신 · 부순

젖히다 VS 제치다

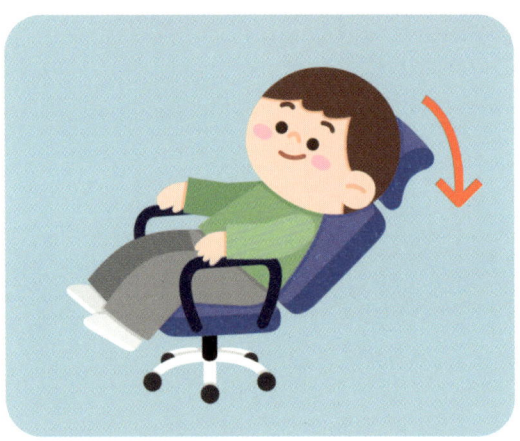
의자를 뒤로 젖히다.

상대편 선수를 제치다.

'젖히다'는 '접다'와 관련 있고, '제치다'는 '제거하다'와 관련 있어요.

| 젖히다 | 넘기거나 기울이다. |
| 제치다 | 경쟁에서 앞서다. 방해가 되는 것을 치우다. |

1 낱말의 뜻을 생각하며 따라 써요.

젖 히 다
- 고개를 젖히다.
- 책 표지를 젖히다.

제 치 다
- 숙제를 제치고 놀다.
- 거북이가 토끼를 제치고 이겼다.

2 낱말의 뜻을 생각하며 문장을 따라 써요.

고개를 **젖히다**.

| 고 | 개 | 를 | | 젖 | 히 | 다 | . | | |

숙제를 **제치고** 놀다.

| 숙 | 제 | 를 | | 제 | 치 | 고 | | 놀 | 다 | . |

3 알맞은 낱말을 따라 쓰며 문장을 완성해요.

기차를 타려고 줄을 섰는데, 누군가 나를 제치고 | 젖히고 먼저 갔다. 그 사람은 앉자 마자 의자를 뒤로 휙 제쳤다. | 젖혔다.

4 빈칸에 들어갈 알맞은 낱말을 찾아 색칠하고 써 보세요.

더워서 모자를 ☐☐☐.   제치다 젖히다

게임을 이겨 형을 ☐☐☐.   제치다 젖히다

작다 vs 적다

키가 작다.

용돈이 적다.

> 크기를 비교할 때는 '작다', 수나 양을 비교할 때는 '적다'예요.

| 작다 | 길이, 넓이, 부피 등이 얼마 되지 않는다. |
| 적다 | 수나 양이 많지 않다. 어떤 내용을 글로 쓰다. |

1 낱말의 뜻을 생각하며 따라 써요.

- 작은 강아지가 귀엽다.
- 4는 8보다 작다.

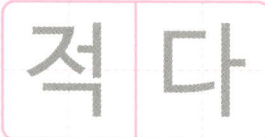
- 숙제가 적다.
- 일기장에 날짜를 적다.

소리도 뜻도 다른데 헷갈리는 어휘

2 낱말의 뜻을 생각하며 문장을 따라 써요.

4는 8보다 작다.

| 4 | 는 | | 8 | 보 | 다 | | 작 | 다 | . |

일기장에 날짜를 적다.

| 일 | 기 | 장 | 에 | | 날 | 짜 | 를 | | 적 | 다 | . |

3 알맞은 낱말을 따라 쓰며 문장을 완성해요.

반려견 쫑이는 사료를 먹는 양이

적어서 | 작아서 다른 강아지들에 비해

몸집이 적다. | 작다.

4 빈칸에 들어갈 알맞은 낱말을 찾아 색칠하고 써 보세요.

불러 주는 문장을 ☐☐ . 작다 적다

 고추가 맵다. 작은 적은

낫다 VS 낳다

병이 낫다.

아기를 낳다.

더 좋아짐을 의미하는 '낫다'가 변한 '나아, 나으니, 나으면'에는 받침 ㅅ을 적지 않아요. 반면 '낳다'가 변한 '낳아, 낳으니, 낳으면'은 받침 ㅎ을 꼭 적어요.

낫다 병이나 상처가 나아지다.
어떤 것과 비교해서 더 좋다.

낳다 아기를 출산하다.
어떤 결과를 이루어내다.

1 낱말의 뜻을 생각하며 따라 써요.

- 집에서 쉬는 게 낫다.
- 감기가 다 낫다.

- 닭이 알을 낳다.
- 노력이 성공을 낳다.

소리도 뜻도 다른데 헷갈리는 어휘

2 낱말의 뜻을 생각하며 문장을 따라 써요.

감기가 다 **낫다**.

닭이 알을 **낳다**.

3 알맞은 낱말을 따라 쓰며 문장을 완성해요.

고양이가 새끼 네 마리를 나았어. | 낳았어.
새끼들은 귀엽지만, 어미 고양이의 몸이
빨리 나았으면 | 낳았으면 좋겠어.

4 빈칸에 들어갈 알맞은 낱말을 찾아 색칠하고 써 보세요.

곰지보다 수영 실력이 ☐☐ .   낫다 · 낳다

소문이 소문을 ☐☐ .   낫다 · 낳다

16일차

좇다 vs 쫓다

꿈을 좇다.

벌을 쫓다.

마음으로 따라가면 '좇다'로, 몸으로 따라가거나 내쫓으면 '쫓다'로 써요. 두 낱말 모두 받침이 ㅅ이 아니라 ㅊ이에요!

좇다 목표, 꿈, 행복, 남의 뜻을 따라가다.

쫓다 뒤를 따라가다.
어떤 자리에서 떠나도록 내쫓다.

1 낱말의 뜻을 생각하며 따라 써요.

- 멋진 꿈을 좇다.
- 행복을 좇으며 살아간다.

- 경찰이 도둑을 쫓다.
- 방에서 모기를 쫓다.

소리도 뜻도 다른데 헷갈리는 어휘

2 낱말의 뜻을 생각하며 문장을 따라 써요.

멋진 꿈을 좇다.

멋진 꿈을 좇다.

경찰이 도둑을 쫓다.

경찰이 도둑을 쫓다.

3 알맞은 낱말을 따라 쓰며 문장을 완성해요.

나는 수의사의 꿈을 좇으며 | 쫓으며 동물을 사랑하려고 해. 가끔 큰 개가 무섭지만 두려움을 좇으려고 | 쫓으려고 노력하고 있어.

4 빈칸에 들어갈 알맞은 낱말을 찾아 색칠하고 써 보세요.

놀이터에 가는 형을 ☐☐.   좇다 | 쫓다

학교의 규칙을 ☐☐.   좇다 | 쫓다

비추다 VS 비치다

손전등을 비추다.

그림자가 비치다.

'비추면' 내가 하는 거고, '비치면' 저절로 보이는 거예요.

| 비추다 | 빛을 내어 밝게 하다. 반사하다. |
| 비치다 | 빛을 받아서 어떤 모양, 모습이 나타나다. |

1 낱말의 뜻을 생각하며 따라 써요.

- 촛불로 방을 비추다.
- 거울에 얼굴을 비추다.

- 달빛이 호수에 비치다.
- 창문에 내 모습이 비치다.

2 낱말의 뜻을 생각하며 문장을 따라 써요.

촛불로 방을 비추다.

촛불로 방을 비추다.

달빛이 호수에 비치다.

달빛이 호수에 비치다.

3 알맞은 낱말을 따라 쓰며 문장을 완성해요.

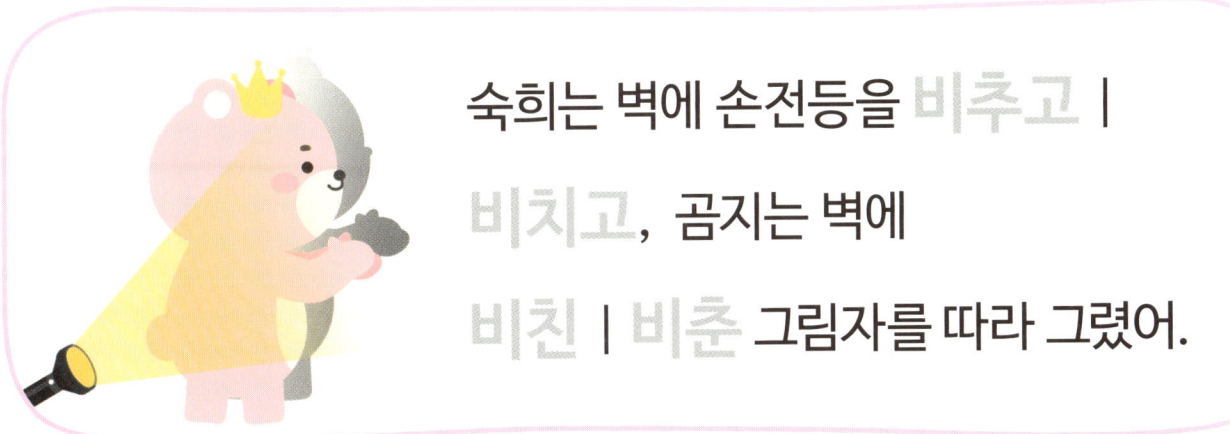

숙희는 벽에 손전등을 비추고 | 비치고, 곰지는 벽에 비친 | 비춘 그림자를 따라 그렸어.

4 빈칸에 들어갈 알맞은 낱말을 찾아 색칠하고 써 보세요.

조명이 무대를 ☐☐☐.   비추다 / 비치다

구름 사이로 햇빛이 ☐☐.   비추다 / 비치다

17일차

벌리다 VS 벌이다

입을 벌리다.

생일 파티를 벌이다.

간격을 넓힐 때는 '벌리다'로,
일을 시작할 때는 '벌이다'예요.
벌리면 사이가 넓어지고,
벌이면 일이 시작돼요!

| 벌리다 | 사이를 넓히다.
오므라진 것을 펴다. |

| 벌이다 | 어떤 일을 계획하거나 시작하다. |

1 낱말의 뜻을 생각하며 따라 써요.

| 벌 | 리 | 다 |

- 두 팔을 넓게 벌리다.
- 쌀자루를 벌리다.

| 벌 | 이 | 다 |

- 게임 대결을 벌이다.
- 큰 사업을 벌이다.

소리도 뜻도 다른데 헷갈리는 어휘

2 낱말의 뜻을 생각하며 문장을 따라 써요.

쌀자루를 벌리다.

| 쌀 | 자 | 루 | 를 | | 벌 | 리 | 다. | |

게임 대결을 벌이다.

| 게 | 임 | | 대 | 결 | 을 | | 벌 | 이 | 다. |

3 알맞은 낱말을 따라 쓰며 문장을 완성해요.

운동장에서 친구들과 팔과 다리를 벌려 | 벌어

준비 운동을 한 뒤, 축구 시합을

벌렸어. | 벌였어.

4 빈칸에 들어갈 알맞은 낱말을 찾아 색칠하고 써 보세요.

쓰레기 줍기 운동을 　　　　. 　벌리다　벌이다

조개껍데기를 　　　. 　벌리다　벌이다

들르다 VS 들리다

빵집에 들르다.

음악 소리가 들리다.

어떤 장소에는 '들르다', '들렀다'로, 소리는 '들리다', '들렸다'로 써요.

들르다 지나가던 길에 잠깐 들어가 머물다.

들리다 귀의 감각 기관을 통해 소리를 알아차리다.
어떤 것이 들어 올려지다.

1 낱말의 뜻을 생각하며 따라 써요.

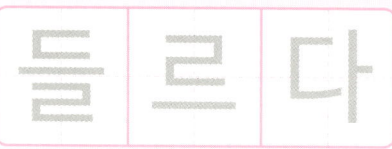
- 문방구에 들르다.
- 서점에 들러 책을 샀다.

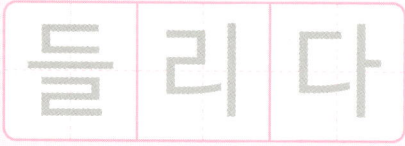
- 발자국 소리가 들리다.
- 앞바퀴가 들리다.

소리도 뜻도 다른데 헷갈리는 어휘

2 낱말의 뜻을 생각하며 문장을 따라 써요.

문방구에 들르다.

| 문 | 방 | 구 | 에 | | 들 | 르 | 다 | . |

앞바퀴가 들리다.

| 앞 | 바 | 퀴 | 가 | | 들 | 리 | 다 | . |

3 알맞은 낱말을 따라 쓰며 문장을 완성해요.

엄마와 집에 가는 길에 시장에 들렀는데 | 들렸는데, 물건 파는 소리가 들렀다. | 들렸다.

4 빈칸에 들어갈 알맞은 낱말을 찾아 색칠하고 써 보세요.

영화 보기 전에 화장실에 ☐☐☐ .   들렀다 / 들렸다

돗자리가 바람에 ☐☐☐ .   들렀다 / 들렸다

77

18일차

늘리다 VS 늘이다

줄넘기 횟수를 늘리다.

실을 늘이다.

둘 다 '늘어나게 하다'라는 뜻을 갖고 있어요. 하지만 '길이'는 '늘이다', 길이 빼고 나머지는 뭐든 '늘리다'로 써요!

늘리다 물체의 넓이, 부피, 수 등을 처음보다 커지거나 많아지게 하다.

늘이다 길이를 처음보다 길어지게 만들다.

1 낱말의 뜻을 생각하며 따라 써요.

- 공부 시간을 늘리다.
- 운동량을 늘리다.

- 고무줄을 당겨 늘이다.
- 커튼을 길게 늘이다.

2 낱말의 뜻을 생각하며 문장을 따라 써요.

공부 시간을 늘리다.

| 공 | 부 | | 시 | 간 | 을 | | 늘 | 리 | 다 | . |

고무줄을 당겨 늘이다.

| 고 | 무 | 줄 | 을 | | 당 | 겨 | | 늘 | 이 | 다 | . |

3 알맞은 낱말을 따라 쓰며 문장을 완성해요.

미술 시간을 늘리자 | 늘이자, 아이들은 종이를 길게 늘리고 | 늘이고 더 많은 그림을 그리기 시작했다.

4 빈칸에 들어갈 알맞은 낱말을 찾아 색칠하고 써 보세요.

새해부터 용돈을 ☐☐☐ .

바지 길이를 ☐☐☐ .

섞다 VS 썩다

물감을 섞다.

생선이 썩다.

'섞다'는 사람이 직접 섞고, '썩다'는 저절로 썩어요.

섞다 여러 가지를 하나로 합치다.

썩다 오래되어 상하다.

1 낱말의 뜻을 생각하며 따라 써요.

- 음식 재료를 섞다.
- 반죽을 골고루 섞다.

- 썩은 이를 뽑다.
- 과일이 전부 썩다.

소리도 뜻도 다른데 헷갈리는 어휘

2 낱말의 뜻을 생각하며 문장을 따라 써요.

음식 재료를 섞다.

음식 재료를 섞다.

썩은 이를 뽑다.

썩은 이를 뽑다.

3 알맞은 낱말을 따라 쓰며 문장을 완성해요.

우유에 초콜릿 가루를 섞어서 | 썩어서 자주 먹었더니, 어금니가 섞어서 | 썩어서 치과에 가야 했어.

4 빈칸에 들어갈 알맞은 낱말을 찾아 색칠하고 써 보세요.

까맣게 ☐☐ 바나나.   섞은 | 썩은

남자와 여자가 ☐☐ 있다.   섞여 | 썩여

19일차

껍데기 VS 껍질

조개껍데기를 벌리다.

사과 껍질을 벗기다.

딱딱하면 껍데기,
부드러우면 껍질로
기억해 보세요.

껍데기 겉을 싸고 있는 단단한 부분.
알맹이가 빠지고 겉에 남은 부분.

껍질 물체의 겉을 싸고 있는 단단하지 않은 부분.

1 낱말의 뜻을 생각하며 따라 써요.

| 껍 | 데 | 기 |

- 달걀 껍데기를 벗기다.
- 호두 껍데기는 너무 단단해.

| 껍 | 질 |

- 귤 껍질을 까다.
- 고구마를 껍질째 먹다.

소리도 뜻도 다른데 헷갈리는 어휘

2 낱말의 뜻을 생각하며 문장을 따라 써요.

달걀 **껍데기**를 벗기다.

달 갈   껍 데 기 를   벗 기 다 .

귤 **껍질**을 까다.

귤   껍 질 을   까 다 .

3 알맞은 낱말을 따라 쓰며 문장을 완성해요.

땅콩의 딱딱한 껍데기 | 껍질 을(를)
까 보니, 안에 들어 있는 땅콩에
얇은 껍데기 | 껍질 이(가) 있었다.

4 빈칸에 들어갈 알맞은 낱말을 찾아 색칠하고 써 보세요.

양파 ☐☐ 을(를) 벗기다.   껍질 | 껍데기

딱딱한 거북이 등 ☐☐☐ .   껍질 | 껍데기

-쟁이 VS -장이

오빠는 개구쟁이

창을 만든 대장장이

'쟁이'는 성격으로, '장이'는 기술로 기억해 보세요.

-쟁이 어떤 습관이나 성격을 가진 사람.

-장이 어떤 기술이나 직업을 가진 사람.

1 낱말의 뜻을 생각하며 따라 써요.

| 개 | 구 | 쟁 | 이 |

- 겁이 많은 겁쟁이 동생
- 욕심쟁이 구두쇠

| 대 | 장 | 장 | 이 |

- 떡장이가 만든 맛난 송편
- 우리 동네 목수장이

소리도 뜻도 다른데 헷갈리는 어휘

2 낱말의 뜻을 생각하며 문장을 따라 써요.

욕심쟁이 구두쇠

욕심쟁이 구두쇠

우리 동네 목수장이

우리 동네 목수장이

3 알맞은 낱말을 따라 쓰며 문장을 완성해요.

할머니는 바느질쟁이 | 바느질장이라서 예쁜 옷을 많이 만들어 주셨어. 할머니 덕분에 나는 멋쟁이 | 멋장이가 되었지.

4 빈칸에 들어갈 알맞은 낱말을 찾아 색칠하고 써 보세요.

엄마는 못말리는 수다 ☐☐ .   장이 쟁이

40년 전통의 양복 ☐☐ .   장이 쟁이

복습활동

문장을 소리 내어 읽고, 알맞은 문장에 ◯ 하세요.

퍼즐 조각을 맞추다. ☐
퍼즐 조각을 맞히다. ☐

자전거를 가르치다. ☐
자전거를 가리키다. ☐

숙제를 잃다. ☐
숙제를 잊다. ☐

책 표지가 바래다. ☐
책 표지가 바라다. ☐

우애가 두껍다. ☐
우애가 두텁다. ☐

햇빛에 눈이 부시다. ☐
햇빛에 눈이 부수다. ☐

키가 작다. ☐
키가 적다. ☐

입을 벌이다. ☐
입을 벌리다. ☐

물감을 섞다. ☐
물감을 썩다. ☐

소리도 뜻도 다른데 헷갈리는 어휘

금지가 친구들과 함께 피자를 먹을 수 있도록 올바른 문장을 따라가 보세요.

	독감 주사를 맞히다.	심부름을 잃다.	용서를 바래다.
버릇을 가리키다.	욕심쟁이 구두쇠	소 잃고 외양간 고친다.	신뢰가 두껍다.
커튼을 제치다.	블록 장난감을 부시다.	상대편 선수를 제치다.	귤 껍데기를 까다.
딸기와 수박 맛이 틀리다.	4는 8보다 적다.	성격이 다르다.	적은 고추가 맵다.
닭이 알을 낫다.	졸음을 좇다.	계산이 틀리다.	

20일차

배

아삭한 배

바다 위의 배

볼록한 배

소리는 같지만 뜻이 다른 낱말을 '동음이의어'라고 해요.

- **먹는 배** 과일 종류 중 하나로 배나무의 열매.
- **타는 배** 물 위에서 사람이나 물건을 실어 나르는 것.
- **몸의 배** 등과 반대쪽에 있는 부분.

1 낱말의 뜻을 생각하며 문장을 따라 써요.

| 아 | 삭 | 하 | 고 | | 달 | 콤 | 한 | | 배 |

| 둥 | 둥 | | 떠 | 가 | 는 | | 배 |

| 귀 | 엽 | 고 | | 볼 | 록 | 한 | | 배 |

2 낱말과 알맞은 그림을 선으로 이어요.

3 여러 뜻을 생각하며 문장을 따라 쓰세요.

바	다		위	를		달	리	는
배		위	에	서		달	콤	하	고
시	원	한		배	를		먹	었	더
니		배	가		살	살		아	팠
다	.							

김

구운 **김**   뜨거운 **김**   호호 입**김**

> 같은 소리라도 뜻이 다를 때는 앞뒤 글자나 그림을 잘 살펴보면 돼요!

- **먹는 김** 바닷속 바위에 이끼처럼 붙어 자라는 해조류를 종이처럼 얇고 넓게 펴서 말린 음식.
- **수증기 김** 입에서 나오는 뜨거운 기운, 따뜻한 곳에서 나오는 하얀 연기 같은 것.

1 낱말의 뜻을 생각하며 문장을 따라 써요.

| 바 | 삭 | 하 | 게 | | 구 | 운 | | 김 |

| 모 | 락 | 모 | 락 | | 뜨 | 거 | 운 | 김 |

| 추 | 운 | | 겨 | 울 | 에 | | 입 | 김 |

소리는 같지만 뜻이 다른 어휘

2 낱말과 알맞은 그림을 선으로 이어요.

김밥 도시락   김이 나는 만두   욕조에서 피어오른 김

3 여러 뜻을 생각하며 문장을 따라 쓰세요.

설	날		아	침	,	김	이
모	락	모	락		나	는		떡	국
위	로		잘	게		부	순		김
을		살	포	시		뿌	렸	다	.

21 일차

밤

캄캄한 밤

맛있는 열매 밤

해가 지면 오는 '밤'도 있고, 맛있게 먹는 '밤'도 있어요. 어떤 '밤'인지 궁금하면 앞뒤 글자를 잘 살펴보세요.

- **시간 밤** 해가 져서 어두워진 때.
- **열매 밤** 밤나무 열매.

1 낱말의 뜻을 생각하며 문장을 따라 써요.

| 캄 | 캄 | 한 | | 밤 | 캄 | 캄 | 한 | | 밤 |

| 맛 | 있 | 는 | | 열 | 매 | | 밤 |

| 맛 | 있 | 는 | | 열 | 매 | | 밤 |

소리는 같지만 뜻이 다른 어휘

2 낱말과 알맞은 그림을 선으로 이어요.

 • •

 • •

3 여러 뜻을 생각하며 문장을 따라 쓰세요.

추	운		겨	울	밤	에		캠
핑	장		모	닥	불	에		둘	러
앉	아		군	밤	을		구	워
먹	으	면		정	말		꿀	맛	이
에	요	!

눈

예쁜 눈

눈 내리는 날

가지에 튼 눈

'눈'의 여러 뜻을 알면, 내리는 '눈', 몸의 '눈', 새싹 '눈'을 헷갈리지 않고 쉽게 이해할 수 있어요.

- **보는 눈** 사물을 볼 수 있는 몸의 일부분.
- **내리는 눈** 겨울에 하늘에서 내리는 하얀 결정.
- **자라는 눈** 식물에서 새싹이나 가지가 나오는 작은 부분.

1 낱말의 뜻을 생각하며 문장을 따라 써요.

초롱초롱 예쁜 눈

펄펄 눈 내리는 날

가지에 튼 새싹 눈

2 낱말과 알맞은 그림을 선으로 이어요.

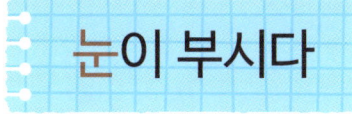 눈이 부시다　　 눈이 녹다　　꽃눈이 트다

3 여러 뜻을 생각하며 문장을 따라 쓰세요.

봄	이		오	니		눈	이	
녹	고	,	가	지	에	눈	이	
트	기		시	작	했	어	.	그	리
고		봄		햇	살	에		눈	이
부	셔	.						

22일차

사과

아삭아삭한 사과

진심 어린 사과

'사과'의 뜻을 알면, 맛있는 사과를 먹는 건지, 미안해서 하는 사과인지 바로 알 수 있어요.

- **열매 사과** 사과나무의 열매.
- **마음 표현 사과** 겨울에 하늘에서 내리는 하얀 결정. 자기의 잘못을 인정하고 미안한 마음을 표현하는 것.

1 낱말의 뜻을 생각하며 문장을 따라 써요.

| 아 | 삭 | 아 | 삭 | 한 | | 사 | 과 | |

| 친 | 구 | 에 | 게 | | 진 | 심 | | 어 | 린 |
| 사 | 과 | 를 | | 하 | 다 | . |

소리는 같지만 뜻이 다른 어휘

2 낱말과 알맞은 그림을 선으로 이어요.

사과를 받아주다

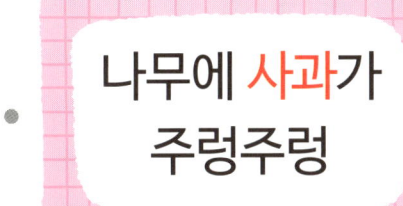
나무에 사과가 주렁주렁

3 여러 뜻을 생각하며 문장을 따라 쓰세요.

친구가 급식으로 나온 내 사과를 슬쩍 가져갔다가, 금세 미안하다며 사과하고 뒤돌려줬어.

말

말을 하다.   말을 타다.   쌀 한 말

'말'은 같은 글자지만 뜻이 달라요! 의미를 착각하면 엉뚱한 대답을 할 수도 있으니 조심하세요!

- **하는 말** 사람이 입으로 생각과 느낌을 표현하는 것.
- **동물 말** 목과 얼굴이 길고 꼬리는 긴 털로 덮여 있는 동물.
- **양을 재는 말** 곡식의 양을 재는 단위.

1 낱말의 뜻을 생각하며 문장을 따라 써요.

| 친 | 구 | 랑 | | 말 | 을 | | 하 | 다 | . |

| 말 | 을 | | 타 | 고 | | 달 | 리 | 다 | . |

| 쌀 | | 한 | | 말 | 을 | | 사 | 다 | . |

소리는 같지만 뜻이 다른 어휘

2 낱말과 알맞은 그림을 선으로 이어요.

대사를 말하다   말의 새끼는 망아지   콩 한 말

3 여러 뜻을 생각하며 문장을 따라 쓰세요.

승	마		대	회	에	서		달
리	던		말	이		넘	어	지	는
모	습	을		보	고		너	무
놀	라	서		할		말	을		잃
었	다	.						

23일차

금

금을 캐다.

금을 긋다.

금이 가다.

우리 주변에서 여러 가지 금을 찾아보세요. 몇 가지나 찾았나요?

- **보석 금** 반짝반짝 빛나는 노란색 금속.
- **줄 그은 금** 줄을 그어 생긴 선.
- **갈라진 금** 깨지거나 갈라져서 생긴 틈.

1 낱말의 뜻을 생각하며 문장을 따라 써요.

왕관에서 반짝이는 금

출발선에 금을 긋다.

알에 금이 가다.

소리는 같지만 뜻이 다른 어휘

2 낱말과 알맞은 그림을 선으로 이어요.

3 여러 뜻을 생각하며 문장을 따라 쓰세요.

	친	구 의		금	메 달 을	
구	경	하	다 가		떨	어 뜨 려
서		금 이		갔	어 .	결 국
우 리		우	정 에 도		금 이	
가		버	렸 어 .			

공기

상쾌한 공기

밥 한 공기

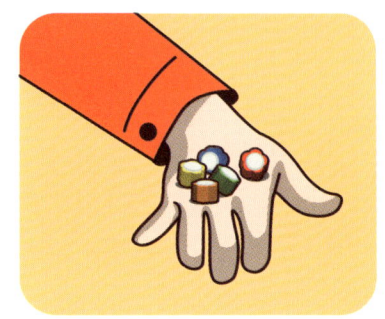
추억의 공기놀이

'공기가 없어서 답답해!'라고 하면 숨 쉬는 공기를 말하는 거예요. 밥그릇 공기를 떠올리면 이상한 문장이 되겠죠?

- **숨 쉬는 공기** 숨을 쉴 때 마시는 투명하고 보이지 않는 기체.
- **밥 담는 공기** 밥 담아 먹는 작은 그릇.
- **공깃돌 공기** 손으로 던져서 노는 작은 돌멩이나 장난감.

1 낱말의 뜻을 생각하며 문장을 따라 써요.

| 상 | 쾌 | 하 | 고 | | 맑 | 은 | | 공 | 기 |

| 밥 | | 한 | | 공 | 기 | | 뚝 | 딱 | ! |

| 추 | 억 | 의 | | 공 | 기 | 놀 | 이 | | |

소리는 같지만 뜻이 다른 어휘

2 낱말과 알맞은 그림을 선으로 이어요.

공기가 탁하다   밥 두 공기를 먹다   공기 다섯 알

3 여러 뜻을 생각하며 문장을 따라 쓰세요.

공	기	가		탁	해		곰	지
랑		집	에	서		놀	았	다	.
점	심	이		맛	있	어	서		밥
을		두		공	기	나		먹	고
공	기	놀	이	를		했	다	.

24일차

벌

 벌을 서다.
 벌에 쏘이다.
 예쁜 옷 한 벌

'오늘 벌을 받았어.'라는 말을 '벌에 쏘였어?'라고 오해하지 않도록 뜻을 잘 알고 써야 해요.

- **잘못하면 받는 벌** 잘못을 했을 때 받는 것.
- **곤충 벌** 꿀을 빨아 먹으며 몸 끝에 독침이 있는 곤충.
- **수를 세는 벌** 옷이나 그릇을 세는 단위.

1 낱말의 뜻을 생각하며 문장을 따라 써요.

| 혼 | 나 | 고 | | 벌 | 을 | | 서 | 다 | . |

| 따 | 끔 | , | 벌 | 에 | | 쏘 | 이 | 다 | . |

| 예 | 쁜 | | 옷 | | 한 | | 벌 | | |

소리는 같지만 뜻이 다른 어휘

2 낱말과 알맞은 그림을 선으로 이어요.

3 여러 뜻을 생각하며 문장을 따라 쓰세요.

줄	무	늬	옷	한	벌
을	입	은	듯	한	벌	이
꽃	밭	을	붕	붕	날	아	다
니	다	꽃	에	앉	아	꿀
을	빨	아	먹	었	다	.

차

차를 운전하다.

차를 마시다.

낮과 밤의 기온 차

낱말 '차'는 여러 뜻이 있어요. 어떤 뜻으로 쓰이는지 문장을 잘 보고 생각해 보세요.

- **타고 다니는 차** 바퀴가 굴러서 사람이나 짐을 실어 옮기는 탈것.
- **마시는 차** 녹차나 홍차처럼 뜨거운 물에 우려서 마시는 음료.
- **다른 정도의 차** 서로 다른 정도, 뺄셈의 결과.

1 낱말의 뜻을 생각하며 문장을 따라 써요.

차를 운전하다.

차를 마시다.

낮과 밤의 기온 차

소리는 같지만 뜻이 다른 어휘

2 낱말과 알맞은 그림을 선으로 이어요.

주차장에 차를 세우다

차를 컵에 따르다

6과 4의 차는 2

3 여러 뜻을 생각하며 문장을 따라 쓰세요.

기	온		차	가		심	해	
감	기	에		걸	려		따	뜻	한
차	를		마	셨	다	.	아	빠	가
학	교	까	지		차	로		데	려
다		주	셨	다	.				

25일차

뜨다

비행기가 **뜨다**.   눈을 크게 **뜨다**.   달콤한 꿀을 **뜨다**.

해가 하늘에 뜨고, 눈을 뜨고, 국을 뜰 때도 쓰는 '뜨다'! 문장을 잘 보고 구분하세요.

- **공중에 뜨다** 물속이나 땅에서 위로 솟아 오르다.
- **눈을 뜨다** 감았던 눈을 벌리다.
- **국을 뜨다** 액체(물)나 가루를 퍼 올리다.

1 낱말의 뜻을 생각하며 문장을 따라 써요.

| 비 | 행 | 기 | 가 | | 뜨 | 다 | . |

| 눈 | 을 | | 크 | 게 | | 뜨 | 다 | . |

| 달 | 콤 | 한 | | 꿀 | 을 | | 뜨 | 다 | . |

소리는 같지만 뜻이 다른 어휘

2 낱말과 알맞은 그림을 선으로 이어요.

| 악몽을 꿔서 눈을 **뜨다** | 열기구가 **뜨다** | 삽으로 모래를 **뜨다** |

3 여러 뜻을 생각하며 문장을 따라 쓰세요.

아침에 눈을 뜨자마자 창밖을 보니, 둥둥 떠 있는 구름 사이로 해가 뜨고 있었다.

타다

그네를 타다.   모닥불이 타다.   1등 상을 타다.

자동차는 올라타고, 종이는 불에 타고, 1등 하면 상도 타요! '타다'는 여러 가지 뜻이 있어요!

- **탈것에 타다** 무엇을 타고 이동하다.
- **불에 타다** 불이 붙어 점점 없어지다.
- **상을 타다** 상이나 무언가를 받다.

1 낱말의 뜻을 생각하며 문장을 따라 써요.

| 씽 | 씽 | | 그 | 네 | 를 | | 타 | 다 | . |

| 모 | 닥 | 불 | 이 | | 타 | 다 | . |

| 1 | 등 | | 상 | 을 | | 타 | 다 | . |

소리는 같지만 뜻이 다른 어휘

2 낱말과 알맞은 그림을 선으로 이어요.

나무를 타다　　　음식이 타다　　　용돈을 타다

3 여러 뜻을 생각하며 문장을 따라 쓰세요.

	학	교	에	서		버	스	를
타	고		소	풍	을		갔	어 .
장	기	자	랑		시	간	에		춤
을		췄	더	니		인	기	상	을
탔	지		뭐	야 .

복습활동

그림을 보고 알맞은 낱말을 찾아 선으로 이으세요.

차   배   벌   김

같은 뜻의 낱말을 말하고 있는 친구들끼리 묶어 보세요.

찌개(O) vs 찌게(X)

'찌다'에 '개'가 붙어서 '찌개'가 되었어요.

1 바르게 쓴 낱말이 들어간 문장을 따라 쓰세요.

된장찌개를 끓이다.

| 된 | 장 | 찌 | 개 | 를 | | 끓 | 이 | 다 | . |

매콤한 김치찌개

| 매 | 콤 | 한 | | 김 | 치 | 찌 | 개 | | |

2 '찌개' 낱말이 들어간 짧은 문장을 써 보세요.

나는 순두부찌개를 좋아해.

틀리기 쉬운 낱말

1 바르게 쓴 낱말이 들어간 문장을 따라 쓰세요.

아기가 태어나다.

방긋 웃는 아기

2 '아기' 낱말이 들어간 짧은 문장을 써 보세요.

1 바르게 쓴 낱말이 들어간 문장을 따라 쓰세요.

길모퉁이 과일 가게

| 길 | 모 | 퉁 | 이 | 과 | 일 | 가 | 게 |

빵 가게를 좋아해!

| 빵 | | 가 | 게 | 를 | | 좋 | 아 | 해 | ! |

2 '가게' 낱말이 들어간 짧은 문장을 써 보세요.

틀리기 쉬운 낱말

1 바르게 쓴 낱말이 들어간 문장을 따라 쓰세요.

폭신하고 포근한 베개

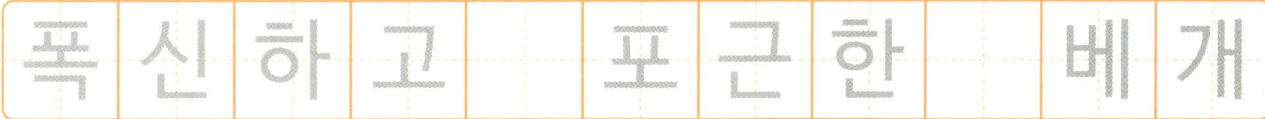

베개를 베고 눕다.

2 '베개' 낱말이 들어간 짧은 문장을 써 보세요.

27일차

검은색(O) vs 검정색(X)

검은색

검은색

'검정'은 '파랑', '빨강'처럼 색깔 이름이에요. '검정'은 이미 색깔을 뜻하는데, 또 '색'을 붙이면 같은 뜻이 두 번 들어가서 틀린 낱말이 돼요.

1 바르게 쓴 낱말이 들어간 문장을 따라 쓰세요.

고양이 털은 **검은색**

| 고 | 양 | 이 | | 털 | 은 | | 검 | 은 | 색 |

검은색 셔츠를 입다.

| 검 | 은 | 색 | | 셔 | 츠 | 를 | | 입 | 다 | . |

2 '검은색' 낱말이 들어간 짧은 문장을 써 보세요.

틀리기 쉬운 낱말

며칠(O) vs 몇일(X)

1 바르게 쓴 낱말이 들어간 문장을 따라 쓰세요.

며칠 동안 내린 비

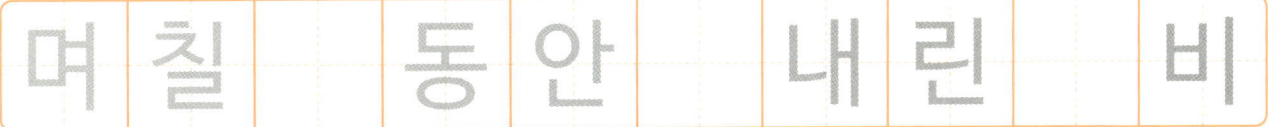

며칠 밤을 보내다.

2 '며칠' 낱말이 들어간 짧은 문장을 써 보세요.

1 바르게 쓴 낱말이 들어간 문장을 따라 쓰세요.

짜장면 곱빼기 주세요!

숙제를 곱빼기로 하다.

2 '곱빼기' 낱말이 들어간 짧은 문장을 써 보세요.

1 바르게 쓴 낱말이 들어간 문장을 따라 쓰세요.

사과 껍질을 깎다.

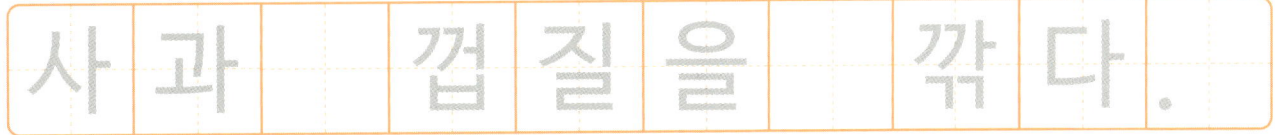

머리를 짧게 깎다.

2 '깎다' 낱말이 들어간 짧은 문장을 써 보세요.

떡볶이(O) vs 떡볶기(X)

'떡볶이'는 음식 이름이고, '떡 볶기'는 '떡을 볶는 동작'을 말해요.

1 바르게 쓴 낱말이 들어간 문장을 따라 쓰세요.

치즈 떡볶이를 좋아해.

| 치 | 즈 | | 떡 | 볶 | 이 | 를 | | 좋 | 아 | 해 | . |

매콤달콤한 떡볶이

| 매 | 콤 | 달 | 콤 | 한 | | 떡 | 볶 | 이 |

2 '떡볶이' 낱말이 들어간 짧은 문장을 써 보세요.

틀리기 쉬운 낱말

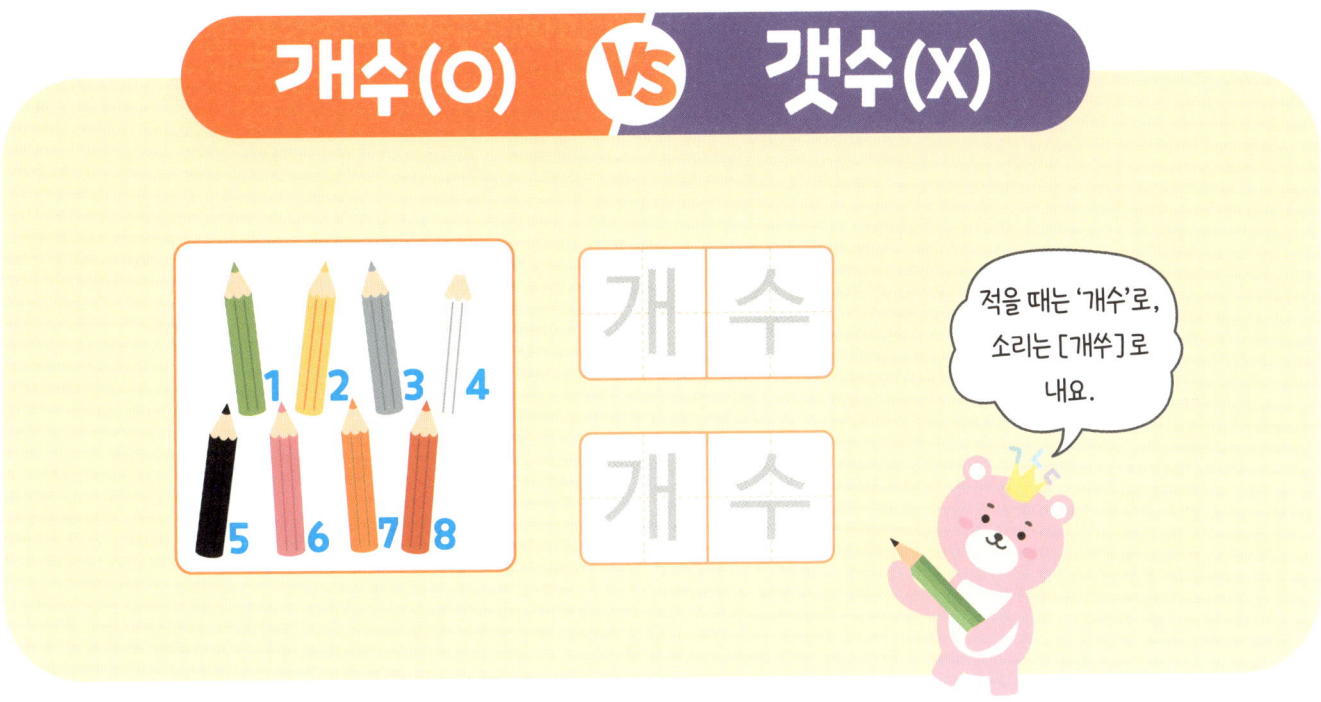

1 바르게 쓴 낱말이 들어간 문장을 따라 쓰세요.

연필 개수를 세다.

문제 개수가 많다.

2 '개수' 낱말이 들어간 짧은 문장을 써 보세요.

1 바르게 쓴 낱말이 들어간 문장을 따라 쓰세요.

우주는 끝없이 넓다.

공원의 넓은 잔디밭

2 '넓다' 낱말이 들어간 짧은 문장을 써 보세요.

틀리기 쉬운 낱말

1 바르게 쓴 낱말이 들어간 문장을 따라 쓰세요.

해님이 방긋 웃다.

구름 뒤에 숨은 해님

2 '해님' 낱말이 들어간 짧은 문장을 써 보세요.

두 낱말을 소리 내어 읽으면 비슷하게 발음이 되지만, 올바른 표현은 '역할'이에요.

1 바르게 쓴 낱말이 들어간 문장을 따라 쓰세요.

공룡 **역할**을 맡다.

맡은 **역할**을 해내다.

2 '역할' 낱말이 들어간 짧은 문장을 써 보세요.

틀리기 쉬운 낱말

1 바르게 쓴 낱말이 들어간 문장을 따라 쓰세요.

   설거지 심부름을 하다.

   뽀득뽀득 설거지

2 '설거지' 낱말이 들어간 짧은 문장을 써 보세요.

1 바르게 쓴 낱말이 들어간 문장을 따라 쓰세요.

도대체 뭔지 모르겠어.

도대체 믿을 수 없어.

2 '도대체' 낱말이 들어간 짧은 문장을 써 보세요.

틀리기 쉬운 낱말

1 바르게 쓴 낱말이 들어간 문장을 따라 쓰세요.

일어나서 **눈곱**을 떼다.

눈곱만큼 적은 양

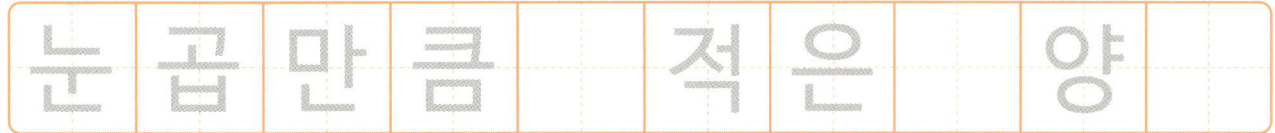

2 '눈곱' 낱말이 들어간 짧은 문장을 써 보세요.

거꾸로(O) vs 꺼꾸로(X)

거 꾸 로
거 꾸 로

'거꾸로'를 세게 소리 내면 '꺼꾸로'이지만 틀린 말이에요. '거꾸로'가 올바른 표현이에요.

1 바르게 쓴 낱말이 들어간 문장을 따라 쓰세요.

거꾸로 매달리다.

| 거 | 꾸 | 로 | | 매 | 달 | 리 | 다 | . | |

옷을 **거꾸로** 입다.

| 옷 | 을 | | 거 | 꾸 | 로 | | 입 | 다 | . |

2 '거꾸로' 낱말이 들어간 짧은 문장을 써 보세요.

틀리기 쉬운 낱말

휴게소(O) vs 휴계소(X)

'휴게'는 '쉬다, 잠깐 멈추다'라는 뜻이에요. 휴게소, 휴게실, 휴게 시간, 휴게 음식점도 함께 익혀 두세요.

1 바르게 쓴 낱말이 들어간 문장을 따라 쓰세요.

휴게소에서 밥을 먹다.

휴게소에 들렀다 가다.

2 '휴게소' 낱말이 들어간 짧은 문장을 써 보세요.

1 바르게 쓴 낱말이 들어간 문장을 따라 쓰세요.

얼음이 꽁꽁 얼다.

얼음 가득 팥빙수

2 '얼음' 낱말이 들어간 짧은 문장을 써 보세요.

틀리기 쉬운 낱말

꽃봉오리(O) vs 꽃봉우리(X)

'꽃봉오리'는 아직 피지 않고 둥글게 맺혀 있는 부분을 말해요. 꼭대기를 뜻하는 봉우리를 꽃에 붙이면 안 돼요.

1 바르게 쓴 낱말이 들어간 문장을 따라 쓰세요.

꽃봉오리가 맺히다.

봉긋한 꽃봉오리

2 '꽃봉오리' 낱말이 들어간 짧은 문장을 써 보세요.

복습활동

곰지가 연못을 건너 놀이공원에 갈 수 있도록 올바른 낱말을 따라가세요.

딩동댕! 정답

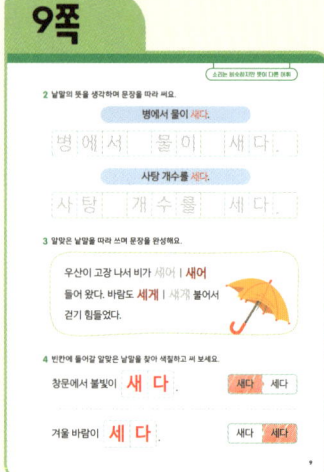
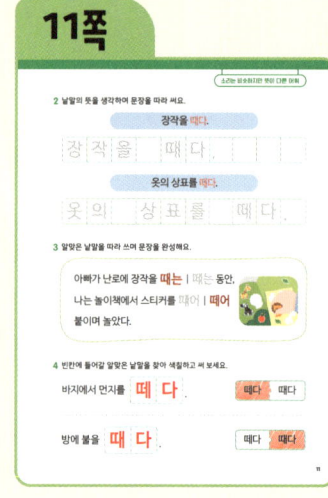
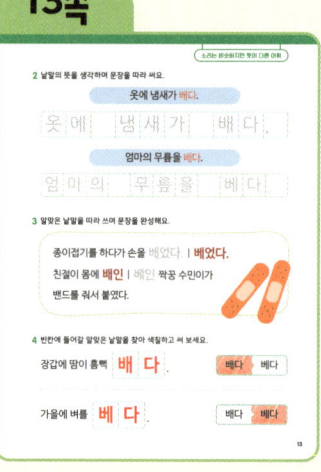
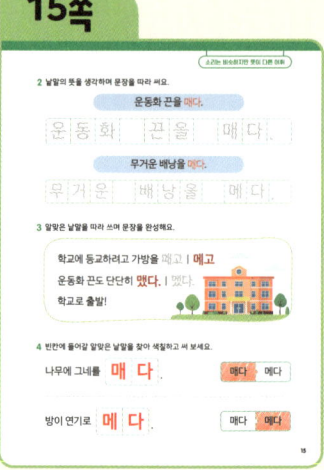

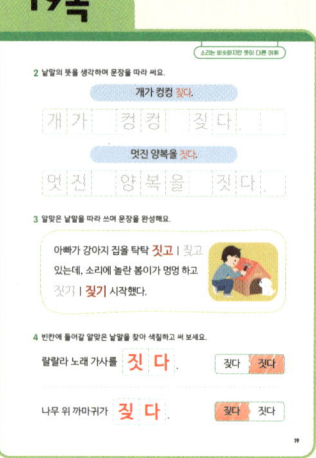
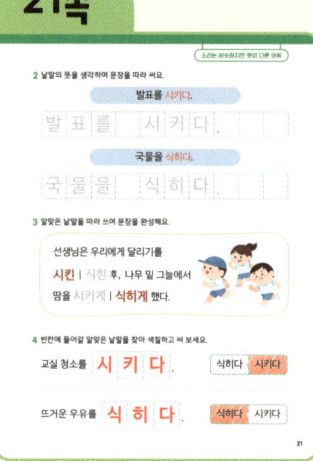
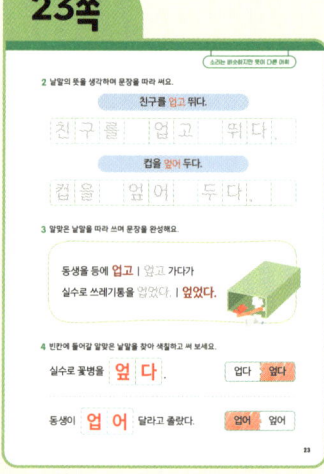

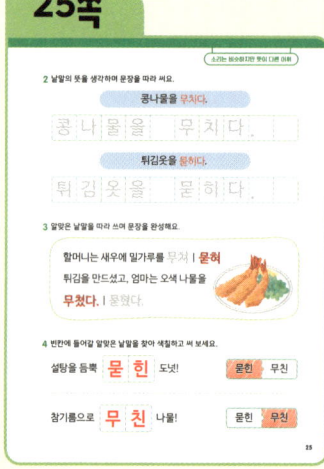
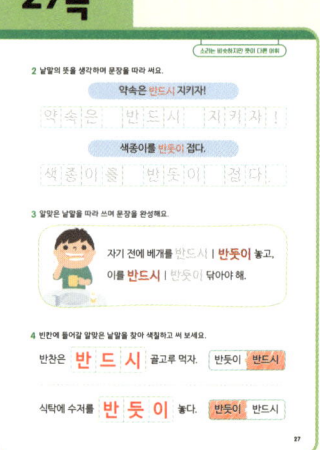

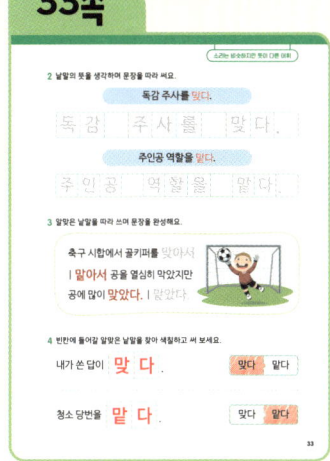
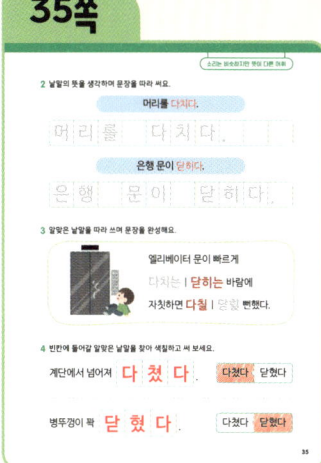
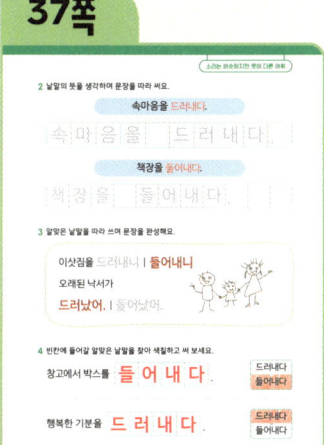

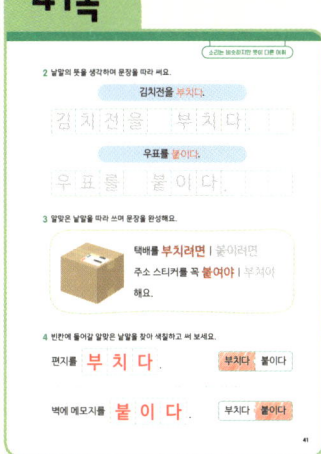
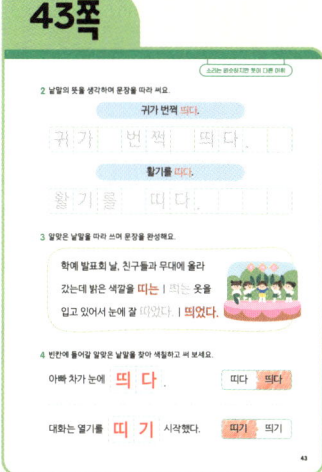
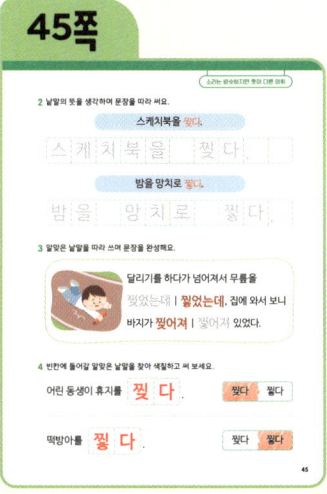

딩동댕! 정답

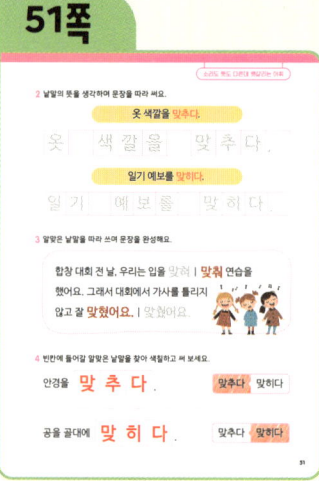

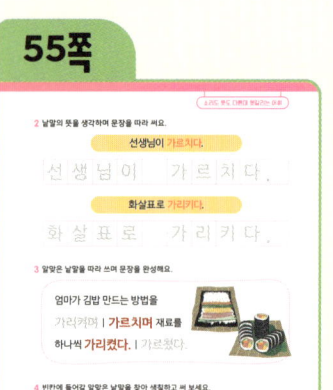
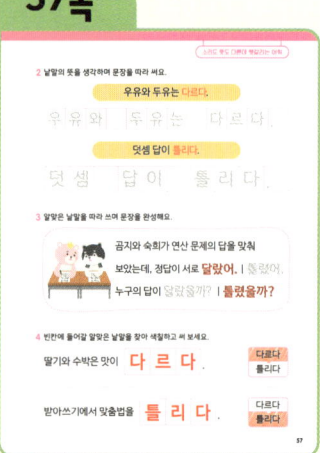
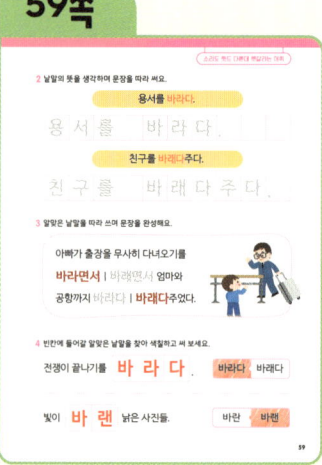
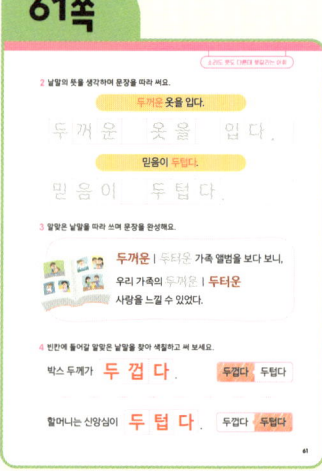
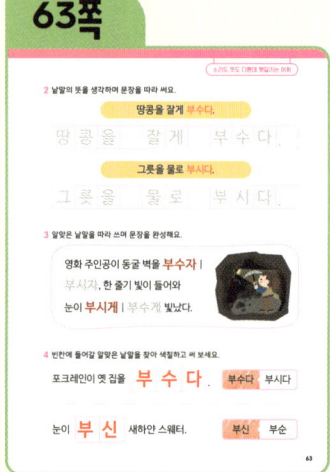
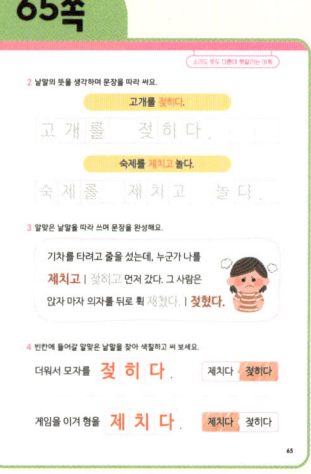
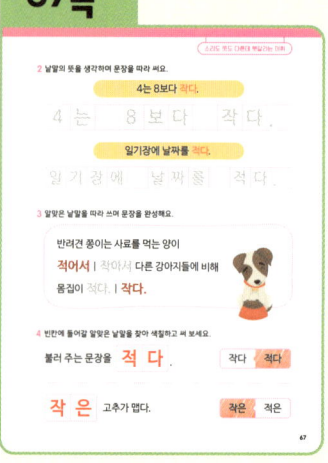
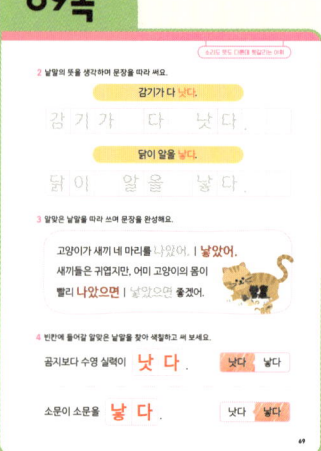

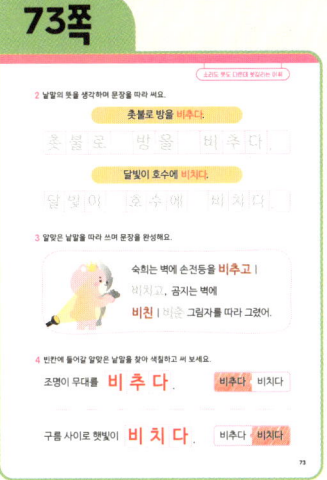
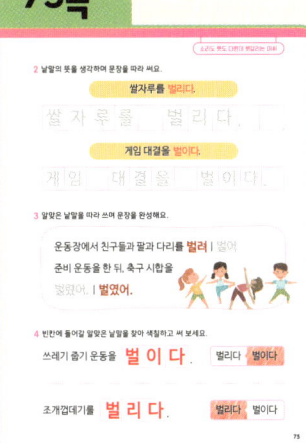
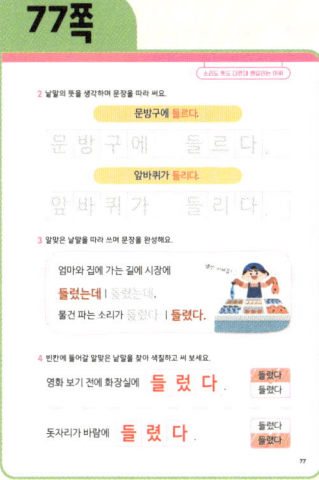
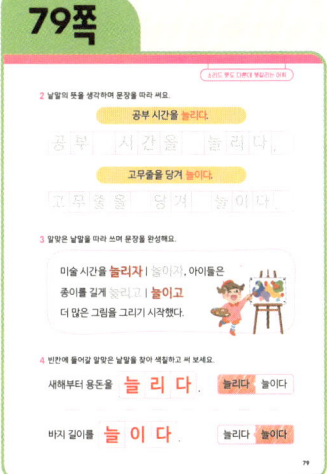
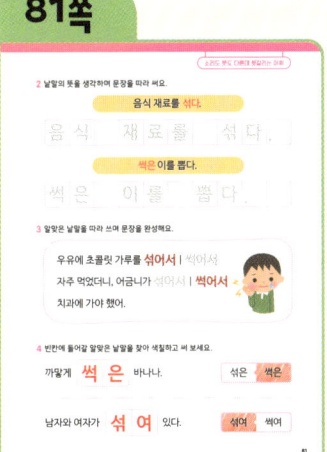

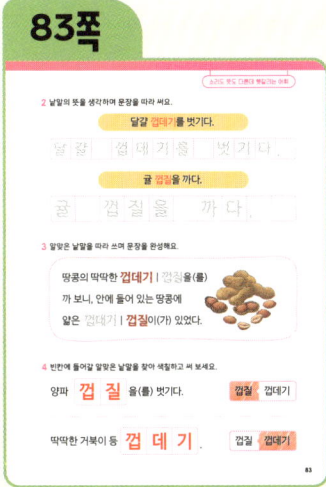
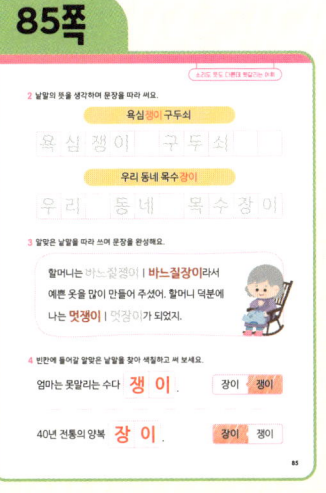
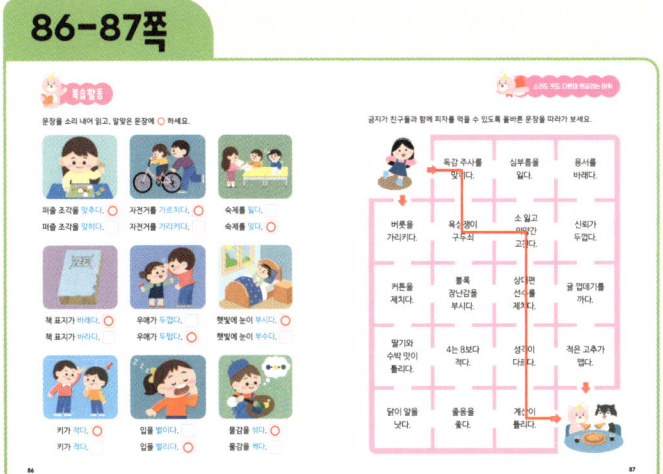

딩동댕! 정답

89쪽

91쪽

93쪽

95쪽

97쪽

99쪽

101쪽

103쪽
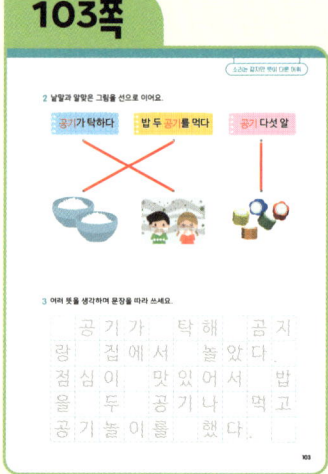

105쪽

107쪽

109쪽

111쪽

112-113쪽
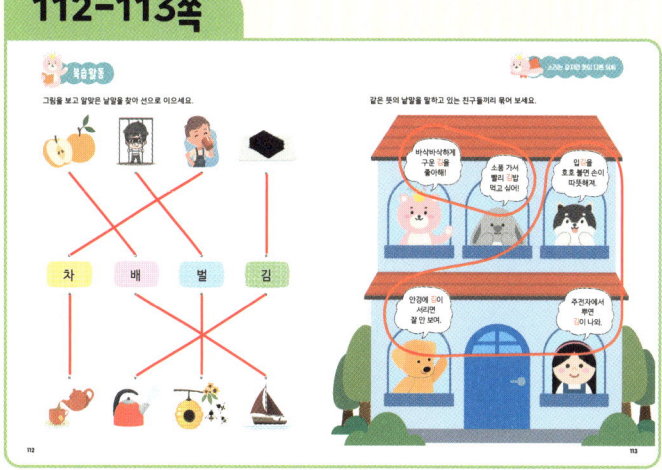

134-135쪽
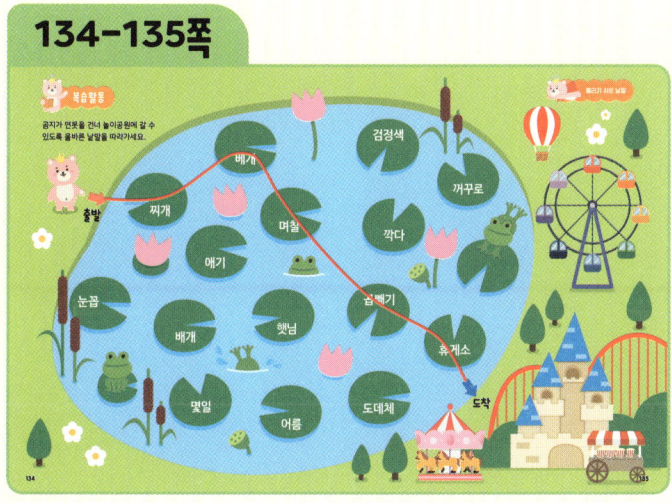

30일 만에 완성하는
1학년 맞춤법 쓰기

초판 1쇄 발행 2025년 3월 31일
초판 2쇄 발행 2025년 5월 10일

글 하유정 **그림** 김희선 **펴낸이** 김태헌
총괄 임규근 **책임편집** 전혜원 **디자인** 안경희
영업 문윤식, 신희용, 조유미 **마케팅** 신우섭, 손희정, 박수미, 송수현 **제작** 박성우, 김정우
펴낸곳 한빛에듀 **주소** 서울특별시 서대문구 연희로2길 62 한빛미디어(주) 실용출판부
전화 02-336-7129 **팩스** 02-325-6300
등록 2015년 11월 24일 제2015-000351호 **ISBN** 979-11-6921-355-4 74710

이 책에 대한 의견이나 오탈자 및 잘못된 내용은 출판사 홈페이지나 아래 이메일로 알려주십시오.
파본은 구매처에서 교환하실 수 있습니다. 책값은 뒤표지에 표시되어 있습니다.
한빛에듀 홈페이지 edu.hanbit.co.kr / **이메일** edu@hanbit.co.kr

Published by HANBIT Media, Inc. Printed in Korea Copyright©2025 HANBIT Media, Inc.
Copyright©2025 하유정 & HANBIT Media, Inc.
이 책의 저작권은 한빛미디어(주)에 있습니다.
저작권법에 의하여 보호를 받는 저작물이므로 무단 전재와 복제를 금합니다.

지금 하지 않으면 할 수 없는 일이 있습니다.
책으로 펴내고 싶은 아이디어나 원고를 메일(writer@hanbit.co.kr)로 보내 주세요.
한빛미디어(주)는 여러분의 소중한 경험과 지식을 기다리고 있습니다.

사용연령 3세 이상 **제조국** 대한민국
사용상 주의사항 책종이가 날카로우니 베이지 않도록 주의하세요.

나에게 주는 상장

이름 _____

위 어린이는 1일차부터 30일차까지

모든 학습을 착실하게 해 왔으므로

이 상장을 주어 칭찬합니다.

_____년 ___월 ___일